Josef Pommer

Beispiele und Aufgaben zur Lehre von den Folgerungen

Josef Pommer

Beispiele und Aufgaben zur Lehre von den Folgerungen

ISBN/EAN: 9783744668583

Hergestellt in Europa, USA, Kanada, Australien, Japan

Cover: Foto ©ninafisch / pixelio.de

Weitere Bücher finden Sie auf **www.hansebooks.com**

SECHSUNDZWANZIGSTER JAHRESBERICHT

DES

MARIAHILFER

COMMUNAL-REAL- UND OBERGYMNASIUMS.

ERSTATTET

FÜR DAS SCHULJAHR 1890

VON

DR. ERASMUS SCHWAB

DIRECTOR.

—————

Inhalt:

Beispiele und Aufgaben zur Lehre von den „Folgerungen“. Von *Dr. Josef Pommer*. — Schulnachrichten. Von dem Director.

WIEN 1890.

VERLAG DES GYMNASIUMS

VI. Bezirk, Amerlingasse 6

Inhalt.

Die Direction ist bereit, über Verlangen Programme aus den früheren Jahrgängen, soweit etwa der Vorrath reicht, zu versenden.

Beispiele und Aufgaben zur Lehre von den „Folgerungen".

(Nebst Andeutungen über den Unterrichtsgang.)

Von Prof. Dr. **Jos. Pommer.**

Leitspruch: In scientiis addiscendis magis exempla prosunt quam praecepta.
Newton.

§ 1. Vergleichung zweier kategorischer Urtheile in Bezug auf ihre Materie.

Zwei Urtheile stimmen in Bezug auf ihre Materie entweder völlig überein oder nicht. In letzterem Falle haben sie entweder theilweise oder gänzlich verschiedene Materie.

Zwei Urtheile stimmen in ihrer Materie völlig überein:

1.) Wenn die Materie des einen Urtheils aus denselben Begriffen besteht wie die des andern.

Z. B. Nr. 1. Alle Planeten bewegen sich von Westen nach Osten; und: Einige Planeten bewegen sich von Westen nach Osten.

Oder 2.) wenn statt des einen oder beider Begriffe des einen Urtheiles im anderen Urtheile deren bloße Aufhebung, ihr contradictorisches Gegentheil eintritt.

Z. B. Nr. 2. Ich bin der Noth kundig; und:
Ich bin der Noth nicht unkundig.

Anmerkung. Hiebei können die Begriffe, welche die Materie der beiden Urtheile ausmachen, in beiden Urtheilen an derselben Stelle stehen (B. Nr. 1 u. 2), oder sie können ihre Stellen vertauschen.

Z. B. Nr. 3. Kein Delphin (S) ist ein Fisch (P); und:
Kein Fisch (P) ist ein Delphin (S).

Aufgaben. 1.) Vergleiche die folgenden Urtheile in Bezug auf Materie mit einander.

Nr. 4. Alle Blinden hören gut. — Einige Blinde hören gut.

Nr. 5. Alle zuckerhältigen Stoffe sind nahrhaft. — Die Fische athmen.

Nr. 6. Rückert ist aus Franken. — Platen ist aus Franken.

Nr. 7. Einige lat. Verba auf io gehen nach der 3. Conjugation. —
Einige lat. Verba auf io haben ein unregelmäßiges Perfect.

1

Nr. 8. Das Krokodil ist ein eierlegendes Thier. —
Kein eierlegendes Thier ist ein Säugethier.

Nr. 9. Alle regulären Polygone sind gleichseitig (sc. gleichseitige Polygone). —
Einige gleichseitige Polygone sind regulär (sc. ?).

Nr. 10. Alles Materielle ist veränderlich. —
Alles Unveränderliche ist immateriell.

2.) Vergleiche jedes Urtheils-Schema mit allen übrigen:

$A:B. — A:B. — B:A. —$ non $A:B. — A:$ non $B. — A:C. — B:C. —$
$B:D. — D:E. — F:G. —$

3.) Schreibe die Schemata auf für die Beispiele Nr. 76 bis Nr. 86.

§ 2. Beziehungen zwischen zwei Urtheilen von gleicher Materie.

Verübung.

Bilde aus den folgenden 8 Beispielen neue Urtheile nach dem beigegebenen Schema und gib den formalen Unterschied an, der zwischen dem gegebenen und dem neugebildeten Urtheile besteht. (In dem Schema bezeichnet S den Subjectsbegriff, P den Prädicatsbegriff des gegebenen Urtheiles.)

Nr. 11. Alle Thiere haben willkürliche Bewegung. $S i, e, o P.$

Nr. 12. Kein Gas glänzt. $S o, a, i P.$

Nr. 13. Einige Conjunctionen regieren den Conjunctiv. $S a, e, o P.$

Nr. 14. Einige berühmte Naturforscher sind nicht Anhänger Darwins. $S e, a, i P.$

Nimm bei den Beispielen 11—14 an, das gegebene Urtheil sei wahr (falsch); muss das neugebildete Urtheil deshalb schon wahr oder falsch sein, oder ist durch diese Annahme hierüber noch nichts entschieden?

In den folgenden Beispielen 15—18 ist bei der geforderten Bildung des neuen Urtheiles auch die Qualität und Quantität desselben zu bestimmen und zwar so, dass das neugebildete Urtheil gilt, wenn das gegebene als gültig angenommen wird.

Nr. 15. Die Delphine sind Walthiere (Cetaceen). $P:S$; non $P:S$

Nr. 16. Kein rechtwinkliges Dreieck ist ein gleichseitiges Dreieck.
$P:S$; $S:$ non P; non $P:S$

Nr. 17. Einige Philosophen waren Könige. $P:S$

Nr. 18. Einiges Gute ist nicht nützlich. $S:$ non P; non $P:S$

Aufgabe: Behandle die Urtheile 15—18 wie die Urtheile 11—14 und umgekehrt.

§ 3. Übersicht über die möglichen Formverhältnisse zweier kategorischer Urtheile von derselben Materie.

Die beiden Begriffe nehmen in beiden Urtheilen entweder dieselbe Stellung ein: $S:P$ und $S:P$ (Beispiel Nr. 1, 2, 4), oder sie vertauschen ihre Stellen, es tritt Umkehrung ein: $S:P$ und $P:S$ (Beispiel Nr. 3, 9, 10)

In beiden Fällen bleiben die Begriffe entweder völlig dieselben (Beispiel Nr. 1, 3), oder es tritt statt des einen (oder beider) deren contradictorisches Gegentheil ein. — So steht im Beispiel Nr. 2 statt P im zweiten Urtheile non P; in Nr. 10 statt P non P und statt S non S.

Die folgenden Tafeln zeigen in übersichtlicher Zusammenstellung diejenigen Fälle, welche in erster Linie* in Betracht kommen.

_____

* Über: S wird non S siehe § 11, Punkt 12.

Tafel I.[*]

Keine Umkehrung	Umkehrung
1. $S:P$ $S:P$	**3** $S:P$ $P:S$ (Conversion)
2 $S:P$ $S:$ non P (Aequipollenz)	**4** $S:P$ non $P:S$ (Contraposition)

(left margin top: *P* bleibt *P*; left margin bottom: *P* wird non *P*)

§ 4. I. Die Begriffe nehmen in beiden Urtheilen dieselbe Stelle ein und sind völlig dieselben. (Tafel I, 1.)

Tafel II.

Qualität gleich	Qualität geändert	Anmerkung
Identität (völlig dieselben Urtheile)	**γ.** $Sa, e P$ (Contra- $Se, a P$ rietät)	Diese Tafel wäre eigentlich in Tafel I an der Stelle 1 einzuschalten.
	δ. $Si, o P$ (Subcon- $So, i P$ trarietät)	
α. $Sa, e, i, o P$ $Si, o, a, e P$ (Subalternation)	**β.** $Sa, e, i, o P$ $So, i, e, a P$ (Contradiction)	

(left margin: Quant. gleich / Quant. geändert)

1.) Die beiden Urtheile unterscheiden sich nur in Bezug auf **Quantität**. Verhältnis der **Subalternation**

In diesem Verhältnisse stehen also: $Sa P$ und $Si P$ $Se P$ und $So P$[**]

Z. B. Nr. 19. Alle Sinne sind mannigfachen Täuschungen unterworfen; und: Einige Sinne sind mannigfachen Täuschungen unterworfen.

Nr. 20. Im Deutschen hat kein schwaches Verb den Ablaut; und: Im Deutschen haben einige schwache Verba nicht den Ablaut.

---

[*] Ich schliesse mich in der folgenden Darstellung ziemlich enge an die bahnbrechende, verdienstvolle Arbeit Prof. Dr. Höflers (Progr. des Marialhilfer Gymnasiums v. Jahre 1879) an.
[**] Man könnte ebensogut die particularen Urtheile zuerst nennen.

2.) Die beiden Urtheile unterscheiden sich nur in Bezug auf **Qualität**.

a) Zwischen den universalen Urtheilen *S a P* und *S e P* herrscht das Verhältnis der **Contrarietät**.

b) Zwischen den particularen Urtheilen *S i P* und *S o P* herrscht das Verhältnis der **Subcontrarietät**.

Z. B. Nr. 21. Alle Begriffe sind Vorstellungen; und: Kein Begriff ist eine Vorstellung (Contrarietät).

Nr. 22. Einige Parallelogramme sind centrisch nach den Ecken; und: Einige Parallelogramme sind nicht centrisch nach den Ecken (Subcontrarietät).

3.) Die beiden Urtheile unterscheiden sich sowohl in der **Quantität** als in der **Qualität**. Verhältnis der **Contradiction**: *S a P* und *S o P*; *S e P* und *S i P*.

Z. B. Nr. 23. Jede Veränderung hat ihre Ursache; und: Einige Veränderungen haben keine Ursache.

Nr. 24. Einige Säugethiere sind befiedert; und: Kein Säugethier ist befiedert.

Übersichtstafel der wichtigsten Verhältnisse zweier kategorischer Urtheile von derselben Materie.

		Dieselbe Stellung		Umkehrung
	1.	dieselbe Qualität	verschied. Qual.	
P bleibt P / dieselbe Quantität		*S a, i, e, o P* *S a, i, e, o P* (Identität)*	*S a, e P* }(Contra- *S e, a P* } rietät) *S i, o P* }(Subcon- *S o, i P* } trariet.)	**3** *S : P* *P : S* (Conversion [cv.j])
P bleibt P / verschied. Quant.		*S a, e, i, o P* *S i, o, a, e P* (Subalternation)	*S a, e, i, o P* *S o, i, e, a P* (Contradiction)	
Statt P tritt non P ein	**2.**	*S : P* *S : non P* (Aequipollenz [aeq.])	**4**	*S : P* non *P : S* (Contraposit. [ctp.])

§ 5. A. Die beiden Urtheile unterscheiden sich in Bezug auf Quantität und Qualität. **

Verhältnis der Contradiction.

Dasselbe findet statt zwischen einem Urtheile: *S a, e, i, o P*
und: *S o, i, e, a P* (Tafel II β).

* Identische Urtheile gibt es ebensowenig wie identische Begriffe.

** **Anmerkung.** Das Verhältnis der Contradiction geht unmittelbar auf den Satz des Widerspruches zurück, erweist sich somit einfacher als die übrigen Verhältnisse. Aus diesem Grunde, und weil dasselbe zur Beweisführung im folgenden Verwendung finden kann, empfiehlt es sich, die Contradiction an erster Stelle abzuhandeln.

Vorübung: 1.) Bilde zu jedem der folgenden Urtheile das zugehörige contradictorische Urtheil.

· 2.) Kann bei angenommener Gültigkeit des gegebenen Urtheiles auch das neugebildete gelten?

3.) Kann bei angenommener Ungültigkeit des gegebenen Urtheiles das neugebildete ebenfalls ungültig sein?

Nr. 25. ¿Alles ist beweisbar.	Nr. 27. Einiges ist beweisbar.
Nr. 26. Nichts ist beweisbar.	Nr. 28. Einiges ist nicht beweisbar.

4.) Behandle in gleicher Weise die in den §§ 6, 7, 8 gegebenen Urtheile.

Es stellt sich hier somit (wie später noch öfter) eine bestimmte Abhängigkeit zweier Urtheile von einander heraus, in Folge deren aus der Gültigkeit oder Ungültigkeit des einen die Ungültigkeit (Gültigkeit) des andern sich mit Notwendigkeit ergibt oder „folgt".

Die Ableitung eines Urtheiles aus einem zweiten Urtheile von völlig gleicher Materie nennt man eine Folgerung oder einen unmittelbaren Schluss.

Lehrsätze.

1.) Aus der Gültigkeit eines Urtheiles folgt die Ungültigkeit des contradictorischen Urtheiles.

2.) Aus der Ungültigkeit eines Urtheiles folgt die Gültigkeit des contradictorischen Urtheiles.

Beweise.

1.) *a)* Gilt das Urtheil: Alle S haben P, so kann nicht gelten: Einige S haben nicht P; denn gesetzt, es hätten einige S nicht P, so würde sich ein Widerspruch ergeben, weil nach der Annahme alle S, also auch diese einigen S P haben müssen.

e) Führe in ähnlicher Weise den Beweis, dass, wenn $S e P$ gilt, $S i P$ nicht gelten kann.

i) Gilt das Urtheil: Einige S haben P, so kann nicht gelten: Kein S hat P; denn gesetzt, es hätte kein S P, so müssten die einigen S, welche nach der Voraussetzung P haben, zugleich auch P nicht haben, was ein Widerspruch ist.

o) Führe in ähnlicher Weise den Beweis, dass, wenn $S o P$ gilt, $S a P$ nicht gelten kann. Wenn also: $S a, e, i, o P$ gilt,
kann: $S o, i, e, a P$ nicht gelten.

2.) *a)* Wenn es ungültig ist, dass: Alle S P haben, so ist es gültig, dass: nicht alle S P haben (da bei „alle" und „nicht alle" das princ. excl. tertii gilt).[*] Wann haben aber nicht alle S P? Doch nur wenn einige (vielleicht sogar alle) S P nicht haben, d. h. wenn wenigstens $S o P$ gilt.

e) Führe in ähnlicher Weise den Beweis, dass $S i P$ gilt, wenn $S e P$ nicht gilt.

i) Wenn es ungültig ist, dass: Einige S P haben, so ist es gültig, dass nicht einmal einige (ein) S P haben, dies ist aber nur der Fall, wenn: Kein S P hat, d. h. wenn $S e P$ gilt.

o) Führe in ähnlicher Weise den Beweis, dass $S a P$ gilt, wenn $S o P$ nicht gilt.

Contradictorische Urtheile können also nach 1.) weder beide wahr, noch nach 2.) beide falsch sein; die Setzung des einen führt die Aufhebung des anderen, — und umgekehrt die Aufhebung des einen die Setzung des anderen mit sich, sie verhalten

---

[*] Ueber „alle" — und „nicht alle" vgl. Antibarbarus logicus, S. 27, Nr. 44.

sich somit wie ja und nein; entweder das eine, oder das andere muss gelten, — non datur tertium. — Aus diesem Grunde führen diese Urtheile auch ihren Namen: contradictorische Urtheile.

Es kann somit gefolgert werden ad contradictoriam:

1.) $S a, e, i, o P$ w. (wahr)   kürzer: a e i o

    $S o, i, e, a P$ f. (falsch) $(a)' (i)' (e)' (a)$

2.) $S a, e, i, o P$ f.   kürzer: $(a) (e) (i) (o)$

    $S o, i, e, a P$ w. $o' i' e' a$

Anmerkung: Ein Blick auf die Umfangsverhältnisse ergibt dasselbe Resultat. Ich bediene mich nach Gorgonne: Essai dialectique rationelle aus Annales des mathémat. T. VII. p. 189 ff. für die Umfangsverhältnisse der Zeichen

1. Deckung   2 Eingeschlossensein   3. Einschliessung   4. Durchkreuzung   4. Ausschliessung

I	C	$\supset$	X	H
(Identität der Umfänge)	(continetur)	(umgekehrtes C)	(Kreuzung der Balken)	(Trennung der Balken)

Beweis der Lehrsätze von der Contradiction mit Zugrundelegung der Umfangsverhältnisse.

1.) Nach der Lehre vom Urtheile kann ein a-Urtheil nur beruhen auf den Umfangsverhältnissen

es findet somit nicht statt eines der Verhältnisse . . . . . . $I, C - - -$

da jedoch ein a-Urtheil eines dieser 3 Verhältnisse voraussetzt, kann, wenn $\supset X H$

a gilt, o nicht gelten, und umgekehrt.

2.) Ein e-Urtheil kann nur beruhen auf dem Umfangsverhältnisse H

es findet somit nicht statt eines der Verhältnisse . . . . . . $I C \supset X -$

da jedoch ein i-Urtheil eines dieser 4 Verhältnisse voraussetzt, kann, wenn

e gilt, i nicht gelten.

3.) Gilt jedoch a nicht, findet somit . . . . . . $I C - - -$

nicht statt, so muss eines der folgenden Verhältnisse . $\supset X H$

stattfinden, somit o gelten, und umgekehrt.

4.) Ebenso lässt sich der Beweis führen, dass, wenn e nicht gilt, i gelten muss, und umgekehrt.

5.) Von zwei contradictorischen Urtheilen können somit weder beide wahr (princ. contradictionis) noch beide falsch (princ. excl. tertii) sein.

§ 6. *B.* Die beiden Urtheile unterscheiden sich nur in Bezug auf Qualität.

Verhältnis der Subalternation.

Das Verhältnis der Subalternation findet statt zwischen einem Urtheile $S a, e, i, o P$ und $S i, o, a, e P$. (Tafel II α.)

Vorübung: 1.) Bilde zu jedem der folgenden Urtheile das zugehörige zweite Urtheil.

2.) Muss bei angenommener Gültigkeit des gegebenen Urtheiles auch das neugebildete gelten?

3.) Muss bei angenommener Ungültigkeit des gegebenen Urtheiles auch das neugebildete ungültig sein?

Nr 29. Die Präpositionen sind Formwörter.

Nr. 30. Kein Planet beschreibt eine hyperbolische Bahn.

Nr. 31. Einige Wohlgerüche wirken betäubend.

Nr. 32. Einige Thiere haben keinen Kopf.

4.) Behandle in gleicher Weise die in den §§ 5, 7, 8 gegebenen Urtheile.

Lehrsätze:

1.) Aus der Gültigkeit des universalen Urtheiles folgt die Gültigkeit des zugehörigen particularen, $\frac{u}{p}$ (dagegen folgt aus der Gültigkeit des particularen noch nicht die Gültigkeit des zugehörigen universalen Urtheiles) $\left[\frac{p}{u}\right]$

[ ] bedeutet die Warnung vor dieser Folgerung.

2.) Aus der Ungültigkeit des particularen Urtheiles folgt die Ungültigkeit des zugehörigen universalen, $\frac{(p)}{(u)}$ (dagegen folgt aus der Ungültigkeit des universalen noch nicht die Ungültigkeit des zugehörigen particularen Urtheiles $\left[\frac{(u)}{(p)}\right]$

Beweise.

1.) Wenn $S\,a\,(e)\,P$ gilt, muss auch $S\,i\,(o)\,P$ gelten nach dem princ. identitatis, denn die „einigen" S sind hier identisch mit einem Theile aller S.

(Wenn jedoch $i(o)$ gilt, gilt nicht immer $a(e)$. Wie oft gilt eine Behauptung eben nur von einzelnen Fällen, aber durchaus nicht im allgemeinen! So wirken (B. Nr. 27) nicht alle Wohlgerüche betäubend, obwohl es einige thun; so fehlt nicht jedem Thier der Kopf, obwohl es Akephalen gibt (B. Nr. 28).

2.) Wenn $i(o)$ nicht gilt, kann umsoweniger $a(e)$ gelten. Nähme man nämlich trotz der Ungültigkeit von $i(o)$ dennoch $a(e)$ als geltend an, so würde daraus nach Lehrsatz 1) die Gültigkeit von $i(o)$ folgen, während, der Annahme nach, $i(o)$ nicht gilt, was ein Widerspruch ist (princ. contract.).

(Wenn dagegen $a(e)$ ungültig ist, ist dies nicht immer auch $i(o)$. Was nicht von allen gilt, kann doch sehr wohl von Einzelnen gelten. So wirken einige Wohlgerüche betäubend, obwohl dies nicht alle thun; so haben einige Thiere keinen Kopf, obwohl nicht allen Thieren der Kopf fehlt.)

Aufgabe: Versuche den Beweis mit Zugrundelegung der Umfangsverhältnisse, ähnlich wie im § 5, zu führen.

Anmerkung Der Satz, dass eine Behauptung, welche allgemein gilt, auch in einzelnen Fällen gilt (Lehrsatz 1), heißt in der Logik das dictum de omni et nullo und wird von den Scholastikern folgendermaßen formuliert: quidquid de omnibus valet, valet etiam de quibusdam et singulis; quidquid de nullo valet, nec de quibusdam et singulis valet.

Das particulare Urtheil $S\,i\,(o)\,P$ heißt in Beziehung auf das allgemeine Urtheil $S\,a\,(e)\,P$ propositio subalternata; das universale in Beziehung auf das particulare dagegen propositio subalternans. Das Urtheil $S\,i\,(o)\,P$ ist in dem Urtheile $S\,a\,(e)\,P$ eben schon mit enthalten, demselben also gewissermaßen untergeordnet. Daher führt das Verhältnis zweier Urtheile, die sich nur durch ihre Quantität unterscheiden, den Namen Subalternation.

Gilt also die prop. subalternans, so muss die prop. subalternata gelten (Lehrsatz 1).

Gilt die prop. subalternata nicht, so kann auch die prop. subalternans nicht gelten (Lehrsatz 2).

Es sind nach Lehrsatz 1.) und 2.) somit folgende Subalternationsschlüsse oder Folgerungen gestattet:

1.) ad subalternatam: Von der Geltung des universalen auf die Geltung des zugehörigen (subalternierten) particularen Urtheiles:

$$\frac{\text{aus: } a,\ e\ \text{w.}}{\text{folgt: } i,\ o\ \text{w.}} \qquad \frac{a}{i},\ \frac{e}{o},\ \text{oder kürzer} \quad \frac{u}{p}$$

2.) ad **subalternantem**: Von der Ungültigkeit des particularen auf die Ungültigkeit des universalen Urtheiles:

$$\frac{\text{aus: } i, o \text{ f.}}{\text{folgt: } a, e \text{ f.}} \qquad \frac{(i)}{(a)}, \frac{(o)}{(e)}, \text{ oder kürzer } \frac{(p)}{(u)}$$

Welche Folgerungen sind hier nicht gestattet? Formeln!
Die in dem Verhältnisse der Subalternation stehenden Urtheile a und i, — e und o können beide wahr, beide aber auch falsch sein.

§ 7. C. Die beiden Urtheile unterscheiden sich nur in Bezug auf Qualität.

1.) Verhältnis der Contrarietät (zwischen den universalen Urtheilen).
2.) Verhältnis der Subcontrarietät (zwischen den particularen Urtheilen).

1.) Contrarietät.

Dieses Verhältnis findet statt zwischen einem Urtheile: Sa, eP
und: Se, aP (Tafel II γ).

Vorübung. 1.) Bilde zu jedem der folgenden Urtheile das zugehörige conträre Urtheil.
2.) Kann bei angenommener Gültigkeit des gegebenen Urtheiles auch das neugebildete gelten?
3.) Muss bei angenommener Ungültigkeit des gegebenen Urtheiles das neugebildete gültig sein?
Nr. 33. Die Ameisen sind kurzsichtig.*
Nr. 34. Kein Säugethier mit Hörnern am Kopfe hat obere Schneidezähne.
4.) Behandle in gleicher Weise die universalen Urtheile in den §§ 1, 2, 4.

Lehrsätze.

Bei zwei conträren Urtheilen folgt:
1.) **Aus der Gültigkeit des einen die Ungültigkeit des andern;**
2.) **dagegen aus der Ungültigkeit des einen noch nicht die Gültigkeit (oder Ungültigkeit) des andern.**

Beweise.

1.) Die beiden Urtheile: Alle S haben $P(a)$ und: Alle S haben nicht $P(e)$ bilden Gegensätze und können nach dem princ. contradictionis nicht beide zugleich gelten, somit kann man aus der Gültigkeit des einen auf die Ungültigkeit des andern schließen.
Anmerkung. Auch mittelbar nachweisbar: $a(e)$ w

$a(i)$ f. (ad contradictoriam)
$\overline{(e)a}$ f. (ad subalternantem).

Aufgabe: Führe diesen Beweis in Worten aus!
2.) Wenn $a(e)$ nicht gilt, kann $e(a)$ gelten, es kann aber auch nicht gelten. So ist z. B. das Urtheil a falsch, dass: Alle Planeten hyperbolische Bahnen beschreiben, wahr jedoch in diesem Falle e, dass: Kein Planet eine hyperbolische Bahn beschreibt. Ebenfalls falsch ist das Urtheil a, dass: Alle Wohlgerüche betäubend wirken, trotzdem ist es hier nicht richtig, dass: Kein Wohlgeruch betäubend wirkt, da es einige allerdings thun. Es gilt in letzterem Falle eben weder a noch e, sondern ein drittes: i (u. o).
Aufgabe: 1.) Führe in ähnlicher Weise den Nachweis, dass aus der Ungültigkeit von e auf die Gültigkeit oder Ungültigkeit von a nicht geschlossen werden darf, indem du von passend gewählten falschen Beispielen für e ausgehst.

---

* sc. „Alle". — Experimentell nachgewiesen durch Sir John Lubbock.

2.) Führe den Beweis durch Eingehen auf die Umfangsverhältnisse:

$$a: \quad I \; C \; — \; — \; —$$
$$e: \quad — \; — \; — \; H$$

Dritte Möglichkeit: weder I C noch H, sondern ⊃ X; wenn a (I C) nicht besteht, kann entweder e (H) bestehen oder i, o (⊃ X).

Anmerkung: Lehrsatz 2 ist auch folgendermaßen nachweisbar:

Nach § 6 Lehrsatz 2 darf aus der Ungültigkeit des universalen Urtheiles weder auf die Gültigkeit noch auf die Ungültigkeit des subalternierten Urtheiles geschlossen werden.

Gesetzt: a (e) f.,

so ist i (o) möglicherweise w. oder f.

Wenn i (o) w. Wenn dagegen i (o) f.

so e (a) f. e (a) w.

(ad contradictoriam)

Also wenn a (e) f.

e (a) möglicherweise w. oder f.

Aufgabe: Führe dies in Worten aus!

Nach Lehrsatz 1.) sind die Urtheile a und e als Gegensätze unvereinbar, nach Lehrsatz 2.) sind diese Gegensätze nicht contradictorischer, sondern nur contrürer Natur, weil es zwischen denselben ein Drittes (i und o) geben kann. Aus diesem Grunde führt das Verhältnis der Urtheile a und e auch seinen Namen: Contrarietät.

Es kann somit gefolgert werden: ad contrariam:

$$S\,a, \; e\,P \; \text{w.}$$
$$S\,e, \; a\,P \; \text{f.}$$

Folgerungen: $\dfrac{a}{(e)} \quad \dfrac{e}{(a)}$ Warnungen: $\left[\dfrac{(a)}{e}\right] \quad \left[\dfrac{(e)}{a}\right]$

2.) Subcontrarietät.

Dieses Verhältnis findet statt zwischen einem Urtheile: $S\,i, \; o\,P$

und: $S\,o, \; i\,P$ (Tafel II ξ).

Vorübung: 1.) Bilde zu jedem der folgenden Urtheile das zugehörige subconträre Urtheil.

2.) Was folgt aus i (o) f. ad contradictoriam, und daraus ad subalternatam?

3.) Kann bei angenommener Ungültigkeit des gegebenen Urtheiles auch das neugebildete ungültig sein?

4.) Muss bei angenommener Gültigkeit des gegebenen Urtheiles auch das neugebildete gelten? — Kann es aber gelten?

Nr. 35. Einige Thierarten entstehen durch generatio aequivoca.

Nr. 36. Einiges Wirkliche lässt sich nicht begreifen.

5.) Behandle in gleicher Weise die Beispiele particularer Urtheile in § 5 A u. B.

Lehrsätze.

Bei zwei subconträren Urtheilen folgt:

1.) Aus der Ungültigkeit des einen die Gültigkeit des andern;

2.) dagegen aus der Gültigkeit des einen noch nicht die Ungültigkeit (oder Gültigkeit) des andern.

Beweise.

1.) Wenn i (o) nicht gilt, so muss das contradictorische Urtheil e (a) gelten, also auch das diesem subalternierte o (i) gültig sein.

i (o) f.

e (a) w. ad contradictoriam

o (i) w. ad subalternatam.

2.) Wenn $i(o)$ gilt, so ist das contradictorische Urtheil $e(a)$ ungültig.

Nun kann, wenn $e(a)$ ungültig ist, aber sowohl das subalternierte Urtheil $o(i)$ gelten als auch ungültig sein.

Wenn $i(o)$ gilt, kann also $o(i)$ gelten, es kann aber auch nicht gelten.

So ist z. B. das Urtheil i wahr, dass: Einige Veränderungen ihre Ursache haben, falsch jedoch in diesem Falle o, dass: Einige Veränderungen keine Ursachen haben, weil: Jede Veränderung ihre Ursache hat.

Ebenfalls wahr ist das Urtheil i, dass: Einige Wohlgerüche betäubend wirken; das Urtheil o ist jedoch in diesem Falle auch wahr, dass: Einige Wohlgerüche nicht betäubend wirken.

Aufgabe: 1.) Führe den Beweis mit Zugrundelegung der Umfangsverhältnisse.

Anleitung: i: I C ⊃ X —

o: — — ⊃ X H

2.) Gehe von der Gültigkeit der o-Urtheile aus: Einiges ist nicht beweisbar, und: Einige moralische Handlungen sind nicht egoistisch.

In welchem dieser beiden Fälle gilt auch i, in welchem gilt es nicht?

3.) Führe den Nachweis für Lehrsatz 2.) an selbstgewählten Beispielen.

Lehrsatz 1.) zeigt, dass die Urtheile i und o nicht beide ungültig sein können, wohl aber können nach Lehrsatz 2.) beide zugleich gelten; es besteht also eigentlich kein Gegensatz* zwischen den Urtheilen i und o, und die Benennung subconträr ist daher unpassend. Dieselbe hat sich jedoch so festgesetzt, dass wir dieselbe nicht gegen den allgemeinen Gebrauch aufgeben können.

Es kann somit gefolgert werden: ad subcontrariam:

$$S\ i,\ o\ P\ f.$$
$$S\ o,\ i\ P\ w.$$

Folgerungen: $\dfrac{(i)\ \ (o)}{o\ \ \ i}$ Warnungen: $\left[\dfrac{i}{(o)}\right]\left[\dfrac{o}{(i)}\right]$

Die bisher besprochenen Verhältnisse stellt man gerne übersichtlich in folgendem „logischen Quadrate" zusammen:

Aus dieser Darstellung wird auch der Name Subcontrarietät für das Verhältnis zwischen den Urtheilen, welche den conträren Urtheilen subalterniert sind, begreiflich.

---

* Die subconträren Urtheile ständen nur dann im Gegensatz, wenn die einigen S in beiden dieselben wären. Einige S sind P und einige (dieselben) S sind nicht P.

§ 8. II. Die Begriffe nehmen in beiden Urtheilen dieselbe Stelle ein, an Stelle des Prädicatsbegriffes des einen steht jedoch dessen contradictorisches Gegentheil im anderen Urtheile. (Tafel I. 2.)

Äquipollenz.

In diesem Verhältnisse stehen also $S : P$ und $S :$ non P. Qualität und Quantität des zweiten Urtheiles ist noch nicht gegeben und muss erst bestimmt werden. (Dies soll so geschehen, dass das zweite Urtheil denselben Sinn hat wie das erste. Z. B. Ich bin der Noth nicht unkundig, ist gleichbedeutend, äquipollent, mit: Ich bin der Noth kundig.)

Vorübung: 1.) Bilde zu jedem der folgenden Urtheile das zugehörige, äquipollente Urtheil.

Nr 37. In jedem Oblongum sind die Diagonalen gleich.

Nr. 38. Die Diagonale des Quadrates ist mit der Seite nicht commensurabel.

Nr. 39. Einige Potenzen sind gerade Zahlen.

Nr. 40 Einige Stoffe sind nicht verbrennlich.

2.) Bilde die äquipollenten Urtheile zu den in den §§ 5, 6 und 7 gegebenen Urtheilen.

Welche Veränderung geht hiebei in Beziehung* auf die Qualität vor? — Verändert sich auch die Quantität?

Lehrsätze.

Das äquipollente Urtheil zeigt entgegengesetzte Qualität, jedoch gleiche Quantität mit dem gegebenen Urtheile. Mit: $S a$, i. e, o P

ist äquipollent: $S e$, o, a. i non P.

Es besteht zwischen beiden das Verhältnis der logischen Gleichheit ($=$) und gilt für sie das logische Vertauschungsgesetz.

Beweis.

1. $S a$, i $P = S e$, o non P.

Diejenigen S (alle, einige), welche P haben, können non P nicht haben, da sich P und non P widersprechen (princ. contrad.).

2. $S e$, o $P = S a$, i non P.

Diejenigen S (alle, einige), welche P nicht haben, müssen non P haben, da es zwischen P und non P kein Drittes gibt (princ. excl. tertii).

Aufgabe: 1.) Wie heißen die äquipollenten Urtheile zu $S a$, i, e, o non P?

2.) Kann es auch Folgerungen ad aequipollentem geben? Wie würden sie lauten?

3.) Kann, wenn $S a$ (e) P gilt, $S a$, i (e, o) non P gelten? — Begründe die Antwort.

4.) Ergeben sich auch aus der Annahme der Ungültigkeit eines Urtheiles Folgerungen ad aequipollentem?

---

* Anmerkung. Da $S a P = S e$ non P und daraus ad subalternatam $S o$ non P folgt, so gilt natürlich auch dieses. Nach unserer Tafel I müsste auch zwischen $S a P$ und $S o P$ non P Äquipollenz stattfinden, doch fasst man gewöhnlich den Begriff enger und fordert außer der betreffenden formalen Übereinstimmung auch Identität des Inhaltes. Dasselbe gilt für $S e P$ und $S i$ non P.

§ 9. III. Die Begriffe vertauschen ihre Stellen („Umkehrung") und sind völlig dieselben.

Verhältnis der Conversion (cv.) (Tafel 1, 3).

Aus einem Urtheile: $S:P$, das beruht auf $I \subset \supset X \ H$
geht hervor ein Urtheil: $P:S$, „ „ „ $I \supset \subset X \ H$

Bei der Conversion ist Qualität und Quantität des zu bildenden „convertierten" Urtheiles noch nicht gegeben. Dieselbe soll so bestimmt werden, dass das convertierte Urtheil gilt, wenn das gegebene als gültig angenommen wird. Wenn es z. B. wahr ist, dass jeder Begriff (S) eine Vorstellung (P) ist, so gilt gewiss auch, dass einige Vorstellungen (P) Begriffe sind.

Das convertierte Urtheil soll überdies nicht nur gelten, sondern auch noch möglichst viel sagen. Kann dasselbe also etwa sowohl particulär als universal ausfallen, so ist die wertvollere universale Form vorzuziehen. Wenn gilt, dass kein Geiziger zufrieden ist, so gilt nicht nur, dass einige Zufriedene, sondern auch, dass alle Zufriedenen nicht geizig sind.

Vorübung: 1.) Gegeben ein Urtheil $S\,a\,P$.

Z. B. Nr. 41. Alle Nebenwinkel sind Supplementswinkel.

Nr. 42. Alles Wirkliche ist möglich.

Nr. 43. Jeder Traurige ist ein schlechter Gesellschafter.

Nr. 44 Jeder (physische) Körper ist schwer.

Gilt stets auch $P\,a\,S$? Gilt aber stets $P\,i\,S$?

2.) Gegeben ein Urtheil $S\,e\,P$.

Z. B. Nr. 45. Kein Gebildeter ist arrogant.

Nr. 46. Kein Ehrenmann ist wortbrüchig

Nr. 47. Der wahre Christ ist nicht rachsüchtig.

Gilt $P\,e\,S$?

3.) Gegeben ein Urtheil $S\,i\,P$.

Z. B. Nr. 48. Einiges Wertvolle ist alt.

Nr. 49. Einige Säugethiere sind Wasserthiere.

Nr. 50. Einige Producte sind Potenzen

Ferner die Nr. 41 und 44 subalternierten Urtheile, Fragen wie oben bei $S\,a\,P$.

4.) Gegeben ein Urtheil $S\,o\,P$.

Z. B. Nr. 51. Einige Parallelogramme sind nicht symmetrisch (X).

Gilt $P\,e\,S$?

Nr. 52. Einige Raubthiere sind nicht Wiederkäuer (H).

Gilt $P\,i, a\,S$?

Nr. 53. Einige Wasserthiere sind keine Fische ($\supset$).

Gilt $P\,o\,S$? Gilt also überall $P\,o\,S$? In welchen Fällen gilt $P\,o, i, e, a\,S$, in welchen nicht? — Lässt sich somit hier eine allgemeine Regel aufstellen?

Man stelle die abstrahierten, allgemein gültigen Regeln für die Conversion zusammen! Ändert sich bei der Conversion die Qualität? Bei welchen Urtheilsformen verändert sich die Quantität?

Aufgabe: Beantworte dieselben Fragen für die bei der Contraposition, § 10 gegebenen Urtheile. Convertiere die in den §§ 5, 6, 7, 8, 10 gegebenen Urtheile!

Lehrsätze.

1.) Aus einem Urtheile $S\,a, i, P$ wird im allgemeinen ein Urtheil $P\,i\,S$.

2.) Aus einem Urtheile $S\,e\,P$ wird ein Urtheil $P\,e\,S$.

3.) Für die Conversion (cv.) des Urtheiles o gibt es keine allgemeine Regel.

Beweise.

1.) In den bejahenden Urtheilen $S\,a$ (und i) P erscheint mit dem Subjects-begriffe S der Prädicatsbegriff P logisch vereinigt. Jede solche Vereinigung ist aber ihrem Begriffe nach eine gegenseitige; P kann nicht einseitig mit S verknüpft sein, ohne dass auch S mit P verbunden wäre.

Wenn also ein Urtheil $S\,a$ (und i) P gilt, wird sich auch umgekehrt ein gültiges **bejahendes** Urtheil $P + S$ ergeben, und es handelt sich jetzt nur noch um die Quantität dieses Urtheiles. Diese wird im allgemeinen nur particulär sein. So folgt im Beispiele Nr. 41 wohl, dass gewisse Supplementswinkel Nebenwinkel sind, aber es gilt nicht, dass alle es sind; so ist (Beispiel Nr. 48) wohl einiges Alte wertvoll, doch gilt der Satz nicht allgemein.

Wenn die Begriffe, welche die Materie des Urtheiles $S\,a$ (i) P ausmachen, Wechsel-begriffe sind (I), dann gilt allerdings auch $P\,a\,S$ (B. Nr. 44), ebenso wenn das Urtheil $S\,i\,P$ auf dem Verhältnisse $\supset$ beruht, weil hiebei P (Potenz) eine Art der Gattung S (Product) ist (B. Nr. 50).

Ist das Subject jedoch ein Art- und das Prädicat der zugehörige Gattungs-begriff ($\subset$),* dann gilt nur $P\,i\,S$, weil es viele Umfangsglieder des Gattungs-begriffes P (Säuger) geben kann, von welchen der Artbegriff S (Wale) nicht bejaht werden kann. (B. Nr. 41, 42, 43.) Ebenso wird sich nur ein Urtheil $P\,i\,S$ ergeben, wenn das Urtheil $S\,i\,P$ auf dem Verhältnisse X beruht, d. h. wenn die Begriffe S und P (alt und wertvoll) vereinbar sind, ohne nothwendig zusammenzugehören, also wohl auch getrennt vorkommen können. (B. Nr. 48, 49.)

Übersicht:

Aus: $\mathrm{I, \subset, \supset, X, H}$
wird bei ev.: $\mathrm{I, \supset, \subset, X, H}$

1. Beruht daher das Urtheil $S\,a\,P$ auf dem Verhältnisse I, so gilt			$P\,a\,S$ (I)
2. „ „ „ „ „ „ „ „	$\subset$, „ „ nur	$P\,i\,S$ ($\supset$)
3. „ „ „ „ $S\,i\,P$ „ „ „ „	I, „ „	$P\,a\,S$ (I)
4. „ „ „ „ „ „ „ „	$\supset$, „ „ „	($\subset$)
5. „ „ „ „ „ „ „ „	$\subset$, „ - -	$P\,i\,S$ ($\supset$)
6. „ „ „ „ „ „ „ „	X, „ „ „ „	(X)

Da wir im allgemeinen, wie auch meist in der Praxis nicht wissen, welche Begriffsverhältnisse einem Urtheile $S\,a\,P$ oder $S\,i\,P$ zugrunde liegen, so sind wir vom logischen Standpunkte nur zu einem i-Urtheile ($P\,i\,S$) berechtigt, welches für alle Fälle (1—6 oben) ohne Unterschied gilt. Sind uns in einem concreten Falle jedoch die Begriffsverhältnisse bekannt, weiß man z. B., dass die Begriffe, welche die Materie des gegebenen Urtheiles ausmachen, Wechselbegriffe sind (B. Nr. 44, vgl. auch B. Nr. 50), dann wird man natürlich das wertvollere a-Urtheil ($P\,a\,S$) bilden (vgl. § 9. Anleitung. S. XII).

In der Regel wissen wir dies jedoch nicht. So haben wir es in der Praxis selten mit Begriffen zu thun, deren gegenseitiges Verhältnis uns schon völlig klar ist; handelt es sich ja sogar oft geradezu um die Ergründung oder doch Klärung dieses Verhältnisses selbst, wenn wir urtheilen und folgern.

Bei der Definition müssen Definitum und Definiens im Verhältnisse I stehen. Hier wird die uneingeschränkte positive Umkehrung (ev. s) geradezu zur Probe ver-wendet, ob die Definition adäquat, Definiens und Definitum umfanglich gleich sind.

---

* Z. B. Alle (einige) Wale sind Säuger.

Im allgemeinen dürfen wir uns ohne Kenntnis der betreffenden Begriffsverhältnisse jedoch nur die Conversio eines Urtheiles Sa, iP in PiS gestatten. Die Bildung eines Urtheiles PaS bedarf, wo sie auftritt, stets einer eigenen Rechtfertigung. So sind z. B. fast alle positiven geometrischen Sätze reciprocabel, d. h. ohne Einschränkung umkehrbar, aber dies muss in jedem Falle durch einen besondern Beweis dargethan werden. In jedem gleichschenkligen Dreiecke z. B. sind die beiden Winkel an der Grundlinie gleich. Die Umkehrung: Jedes Dreieck mit zwei gleichen Winkeln ist auch gleichschenklig, bedarf eines speciellen Nachweises (Euklid, Elem. I, 5 u. 6), kommt also nicht auf ausschließlich logischem, sondern auf geometrischem Wege zustande.

Aufgabe: Der Schüler suche Belege für das zuletzt Gesagte auf dem Gebiete des geometrischen Unterrichtes.

Anmerkung: Gegen den Satz, dass ein Urtheil SaP nicht ohne Einschränkung zu convertieren ist, wird in der Praxis häufig gefehlt und wir begegnen deshalb sehr oft der ausdrücklichen Warnung davor, SaP in PaS zu convertieren $\begin{bmatrix} a \\ a \end{bmatrix}$. Dadurch wird jedesmal zugleich angezeigt, dass die betreffenden Begriffe nicht Wechselbegriffe sind.

Z. B. Alles Nothwendige ist ein Mögliches, aber nicht alles Mögliche ein Nothwendiges. (Arist. περὶ ἑρμηνείας.)

Aufgabe: Suche aus deiner Schulpraxis ähnliche Beispiele.

2.) Aus SeP wird PeS; wenn mit S (Ehrenmann) niemals P (wortbrüchig) verknüpft vorkommt, so auch mit P (wortbrüchig) niemals S (Ehrenmann), da sonst doch mit S (Ehrenmann) P (wortbrüchig) verknüpft vorkäme.

Wenn kein SP hat, so hat auch kein PS, denn hätten einige PS, so hätten auch per ev. einige SP.

Schematisch: SeP w.
$$PeS \text{ w.}$$
gesetzt PeS f.
so PiS w. (ad contradictoriam)
daraus SiP w. (per conversionem)
was der Annahme widerspricht. (Indirecter Beweis.)

Besonders klar wird dieser Satz, falls das Urtheil e wie hier und in Nr. 45 und 47 auf dem Gegensatz der Begriffe S und P beruht, da jeder Gegensatz seiner Natur nach gegenseitig ist, d. h. sowol P dem S als auch S dem P entgegengesetzt ist, also gegenseitige Abweisung stattfindet.

3. SoP
$P \dashv S$

Beruht SoP auf $\supset$, d. h. ist P eine Art von S, so gilt PaS (Nr. 53).

„ „ „ $\times$, d. h. gehören S und P weder nothwendig zusammen, noch sind sie nothwendig zu trennen, so gilt PoS und PiS (Nr. 51).

„ „ „ H, d. h. sind die Begriffe Gegensätze oder kommen doch niemals vereint vor, so gilt PeS (Nr. 52).

Im Allgemeinen, ohne Eingehen auf die concreten Begriffsverhältnisse oder ohne Kenntnis derselben (vgl. S. XIII) ergibt sich somit keine Regel.

Aufgabe: Welche Urtheile $P:S$ können nicht gelten, wenn das gegebene Urtheil SoP beruht auf dem Begriffsverhältnisse $\supset$, $\times$, H?

---

* Nicht etwa auf bloßer Abzählung, z. B. kein Schüler dieser Classe ist ein Ungar.

Zusammenfassung: Bei der Conversion verändert sich nach Lehrsatz 1.) und 2.) die Qualität des Urtheiles nicht; die Quantität bleibt im allgemeinen bei der Conversion eines *e*- oder *i*-Urtheiles unverändert, verändert sich jedoch bei der Conversion eines Urtheiles *a*.

Wird bei der Umkehrung die Quantität geändert, so heißt die Umkehrung unrein oder per accidens; ist dies nicht der Fall, so heißt sie rein oder simplex.

Die Conversio des Urtheiles *a* ist also eine Conversio per accidens (cv. p. a.), die eines Urtheiles *e* oder *i* dagegen eine Conversio simplex (cv. s.).

§ 10. IV. Die Begriffe vertauschen ihre Stellen, es findet Umkehrung statt.

An Stelle des Prädicatsbegriffes *P* des gegebenen Urtheiles tritt dessen contradictorisches Gegentheil, non *P*. (Tafel I, 4.)

Contraposition.

Aus einem Urtheile *S : P* geht hervor ein Urtheil: non *P : S*.

Hiebei muss Quantität und Qualität des zu bildenden „contraponierten" Urtheiles wie auch bei der Conversion erst bestimmt werden. Das contraponierte Urtheil soll gelten und möglichst viel sagen (vgl. S. XII). Z. B. Aus dem Urtheile: „Jede Materie ist veränderlich" ergibt sich das gültige contraponierte Urtheil: „Alles (nicht blos „einiges") Unveränderliche ist nicht materiell" (Materie).

Vorübung: 1.) Gegeben ein Urtheil *S a P*.

Z. B. Nr. 54. Der wahrhaft Gebildete ist bescheiden.
Nr. 55. Jedes gleichseitige Dreieck ist gleichwinklig (d. i. ein gleichwinkliges Dreieck).
Nr. 56. Alle Wiederkäuer sind Pflanzenfresser.
Gilt non *P e S*?

2.) Gegeben ein Urtheil *S e P*.
Nr. 57. Keine egoistische Handlung ist moralisch wertvoll.
Nr. 58. Kein Oxyd ist ein Metall.
Nr. 59. Kein Besonnener überstürzt sich.
Gilt non *P a, i S*?

3.) Gegeben ein Urtheil *S i P*.
Nr. 60. Einige Saugethiere sind fischähnlich (X).
Nr. 61. Einiges Wirkliche ist Bewegung (⊃).
Nr. 62. Einige Vielfache von 100 sind durch 4 theilbar (C; es sind's alle).
Welches Urtheil non *P : S* gilt in jedem dieser Fälle erfahrungsgemäß? — Lässt sich somit hier eine allgemeine Regel aufstellen?

4.) Gegeben ein Urtheil *S o P*.
Nr. 63. Einiges Gute ist nicht nützlich.
Nr. 64. Einige Wahrheiten sind nicht beweisbar.
Nr. 65. Einiges, was sich widerspricht, ist nicht wahr (H).
Gilt stets non *P i S*? Gilt irgendwo non *P a*, oder *e*, oder *o S*?

Aufgabe: 1.) Verfahre in gleicher Weise mit den bei der cv. gegebenen Beispielen 51—53.

2.) Man stelle die abstrahierten, allgemein gültigen Regeln für die Contraposition zusammen! Ändert sich bei der Contraposition die Qualität? Bei welchen Urtheilsformen bleibt die Quantität (ctp. simplex), wo verändert sie sich (ctp. per accidens)?

3.) Beantworte die oben 1, 2, 3 gestellten Fragen für die einschlägigen, bei der ev. § 9 gegebenen Urtheile. Contraponiere die in den §§ 5—9 gegebenen Urtheile!

4.) Beantworte folgende Fragen und begründe die Antwort:

a) Wenn *S a P* gilt, kann non *P i S* gelten? — Gilt stets non *P o S*?

b) Wenn *S e P* gilt, kann non *P e S* gelten?

c) Wenn *S o P* gilt, kann non *P e S* gelten?

Lehrsätze.

1.) Aus einem Urtheile *S a, e, o P* wird im allgemeinen ein Urtheil non *P e, i, i S*.

Die ctp. des Urtheiles *a* ist also eine ctp. s.

„ „ „ „ *e* und *i* ist dagegen eine ctp. p. a. (vgl. S. XV).

2.) Für die Contraposition des Urtheiles *i* gibt es keine allgemeine Regel.

Beweise.

Die Contraposition kann aufgefasst werden als die Conversion eines äquipollenten Urtheiles:

$$\text{ctp.} \begin{cases} S : P \\ S : \text{non } P \quad \text{(aeq.)} \\ \text{non } P : S \quad \text{(ev.)} \end{cases}$$

Der Beweis der aufgestellten Sätze ergibt sich daher aus einer Auflösung der Contraposition in diese beiden Operationen.

$$1. \quad S a, \ e, \ o P \text{ w.}$$
$$S e, \ a. \ i \text{ non } P \text{ w. (aeq.)}$$

daraus: non *P e, e(a)*, i(a)** S* w. (cv.)

$$2. \quad S i P \text{ w.}$$
$$S o \text{ non } P \text{ w. (aeq.)}$$

non *P o S*, (cv.)

da es für die Conversion eines *o*-Urtheiles keine allgemeine Regel gibt (vgl. S. XII, Lehrsatz 3).

Aufgabe: Führe diese Auflösung der ctp. in eine cv. des aeq. Urtheiles auch an Beispielen durch. Welche Urtheile non *P : S* gelten bei *S a, e, i, o P* nicht?

Stellen wir die obigen und die im § 9 S. XII für die cv. aufgefundenen Lehrsätze übersichtlich zusammen, so erhalten wir folgende

Tafel der Umkehrungen:

	a	*e*	*i*	*o*
cv.	p. a.	s.	s.	
ctp.	s.	p. a.		s.

* non *P a S*, wenn *S a* non *P* auf I beruht.

** non *P a S*, wenn *S i* non *P* auf I oder ⊃ beruht.

Wenn die Lehre von der Definition in der Schule an die Lehre vom Begriffe unmittelbar angeschlossen wurde — was sehr zu empfehlen ist — ergibt sich nun hier die:

Aufgabe 1.) Prüfe die bei der Lehre von der Definition vorgekommenen Beispiele durch cv. s. und ctp. s. (uneingeschränkte positive und negative Umkehrung), ob sie adäquat sind. Ist die Definition zu weit. der Umfang des Definiens also größer als der des Definiendum, so besteht zwischen S und P nicht das Verhältnis I, einige P sind nicht S, folglich ist die cv. s. von $S a P$ in $P a S$ unstatthaft. Ist die Definition zu eng, so sind einige S nicht unter P begriffen, es gibt also non P, welche S sind, es gilt non $P i S$, und die ctp. s. von $S a P$ in non $P e S$ ist unstatthaft.

Aufgabe 2.) In Aufg. 1 wurde gefolgert:

aus: $P o S$ w.   und   aus: non $P i S$ w.

auf: $P a S$ f.   auf: non $P e S$ f.

Welche Folgerungen liegen hier vor?

§ 11. Wiederholungs-Aufgaben.

1.) Stelle alle auf die Folgerungen bezüglichen Lehrsätze übersichtlich zusammen, indem du in unsere beiden Tabellen (§ 4) folgende Symbole einsetzest:

a) die Buchstaben a, i, e, o ohne jeden Zusatz bedeuten die Gültigkeit des betreffenden Urtheiles,

b) ( ) bedeutet die Ungültigkeit des Urtheiles,

c) [ ] die Unerlaubtheit einer Folgerung,

d) ⊕ das Fehlen einer allgemeinen Regel.

Z. B. Tafel II γ.

Qualität geändert.

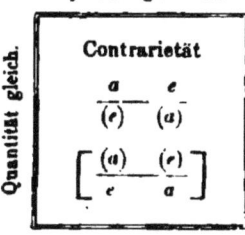

d. h. aus der Gültigkeit von $S a$, $e P$ folgt die Ungültigkeit von $S e$, $a P$; aus der Ungültigkeit von $S u$, $e P$ darf nicht gefolgert werden die Gültigkeit von $S e$, $a P$.

2.) Womit ist äquipollent:

Nr. 66. Nihil est, quod numerum non patiatur. (Leibnitz.)

Nr. 67. Kein Staat besteht ohne Gesetze.

Nr. 68. Nunquam aliud natura, aliud sapientia dixit. (Juvenal.)

Nr. 69. An der heutigen Börse vollzog sich die Prolongation nicht ohne Schwierigkeit. *

3.) Convertiere:

Nr. 70. Die gerade Linie ist die kürzeste Verbindung zwischen 2 Punkten.

Nr. 71. Einige Basen sind Metalloxyde.

---

* Positive Behauptungen werden häufig in negativer Form ausgesprochen, entweder um sie nicht so schroff erscheinen zu lassen, oder um unsere Aufmerksamkeit in höherem Maße darauf zu lenken, z. B. Nicht mit Unrecht . . . nicht uninteressant u. dgl. (Rhetorische Figur.)

Nr. 72. Alle congruenten Dreiecke haben auch gleichen Inhalt.

Nr. 73. Parallelogramme von gleicher Grundlinie und Höhe sind flächengleich. In welchen Fällen ist hier cv. s. gestattet. Woraus ergibt sich die Berechtigung hiezu?

Ferner Nr. 74—76.

4.) Contraponiere:

Nr. 74. Jede Sünde widerstreitet dem sittlichen Bewusstsein.

Nr. 75. Jede regelmäßige Figur lässt sich einem Kreise einschreiben.

Nr. 76. Alles Stoische ist untheatralisch. (Lessing.)

Ferner Nr. 70—73.

5.) Ziehe alle möglichen statthaften Folgerungen aus den in den §§ 5—10 gegebenen Beispielen.

6.) a) Ist die Folgerung richtig: $\dfrac{\text{non } A \, e \, B}{B \, a \, A}$?

b) Was heißt: Nur A ist B?

7.) Was folgt: a) ad subalternatam, b) ad subalternantem, c) ad contradictoriam, d) ad contrarium, e) ad subcontrariam, f) ad aequipollentem aus den bei der Lehre vom Urtheile gegebenen Beispielen?

8.) Convertiere und contraponiere diese Urtheile. Untersuche hiebei die a-Urtheile auf cv. s., die i-Urtheile auf cv. p. u.

9.) In welchem Verhältnisse stehen die beiden in einer Nummer vereinigten Urtheile zu einander? Welche Folgerung liegt vor? Ist sie richtig?

Nr. 77. Nichts Wahres ist falsch und nichts Falsches ist wahr.

Nr. 78. Keine Transscendente ist eine rationale Größe, also ist jede Transscendente eine irrationale Größe.

Nr. 79. Wer die rechte Gesinnung hat, der thut auch die rechten Werke. Wer daher die rechten Werke nicht thut, hat auch nicht die rechte Gesinnung.

Nr. 80. Was wahr ist, widerspricht sich nicht; aber nicht alles, was frei von Widerspruch ist, ist wahr. (Z. B.?)

Nr. 81. Ist der Satz bewiesen: Kein gleichseitiges Dreieck ist ungleichwinklig, so folgt ohne weiteren mathematischen Beweis: Kein ungleichwinkliges Dreieck ist gleichseitig.

Nr. 82. Das καθόλου ist κοινόν, aber nicht jedes κοινόν ist καθόλου.

Nr. 83. Gleiche Winkel haben gleiche Nebenwinkel, und umgekehrt: Haben zwei Winkel gleiche Nebenwinkel, so sind sie selbst einander gleich.

Nr. 84. Jede unmoralische Handlung streitet wider das Gewissen; es gibt keine unmoralische Handlung, die nicht wider das Gewissen stritte.

Nr. 85. Wenn es wahr ist, dass wenigstens ein Verbum (τρέπω) einen act. und pass. starken Aorist bildet, so ist es gewiss falsch, dass kein Verbum einen act. und pass. starken Aorist bildet.

Nr. 86. Ist es nicht wahr, dass alle Arzeneimittel in unendlich kleinen Gaben wirksam sind, so folgt zwar mit Gewissheit, dass manche Arzeneimittel, in solchen Gaben gereicht, nichts wirken, aber nur mit Möglichkeit, dass überhaupt kein Arzeneimittel in unendlich kleinen Gaben wirksam ist.

Nr. 87. Wenn es falsch ist, dass kein Neger Anlage zur Wissenschaft hat, so ist es deshalb noch nicht falsch, dass einige Neger diese Anlage nicht haben.

10.) Aus welchem Urtheile und auf welche Art könnte das gegebene Urtheil wohl entstanden sein?

Nr. 88. Was nicht theilbar ist, ist auch nicht materiell.

Nr. 89. Nur der gute Mensch ist weise. (Pfeffel.)

Nr. 90. Nicht alle gleichen Parallelogramme haben auch dieselbe Grundlinie und Höhe.

11.) **Kritisiere die nachstehenden Folgerungen.** Gib den etwaigen Fehler an. Stelle das jeweilige Buchstabenschema auf. Sphärenvergleichung.

Nr. 91. Was kein Thier ist, ist kein Ochs; was also kein Ochs ist, ist kein Thier.

Nr. 92. Ein Reicher, welcher an barem Gelde Ueberfluss hat, kann Gelder ausleihen. Folgt daraus auch: Wer Gelder ausleiht, der ist an barem Gelde reich?

Nr. 93. Hast du einen Hund? Ja. — Hat er Junge? Ja. — Ist er der Vater der Jungen? Ja. — Also ist dein Hund ein Vater und folglich dein Vater ein Hund. (Aus Plato's Euthydem.)

Nr. 94. Fällt man von der Spitze eines rechtwinkligen Dreieckes eine Senkrechte auf die Hypotenuse, so ist jede Kathete die mittlere geometrische Proportionale zwischen der Hypotenuse und dem ihr anliegenden Abschnitte derselben.

Gilt auch umgekehrt: Wenn eine Dreiecksseite die mittlere geometrische Proportionale zwischen der ganzen zweiten Seite und einem ihr anliegenden Abschnitte derselben ist, so ist das Dreieck rechtwinklig? (Zeichnung.)

Nr. 95. Mit seinem Dictum: „Nur die Lumpe sind bescheiden", hat Goethe mehr Unheil angestiftet, als er vielleicht mit dem schönsten Erkenntnissatze Gutes gewirkt hat; denn es gibt Leute, die da glauben, blos dadurch, dass sie unbescheiden sind, schon unwiderleglich bewiesen zu haben, dass sie keine Lumpe seien. — Ähnlich glauben manche junge Leute, die langen Haare machen den Künstler, oder die Lüderlichkeit das Genie. Wie vielfach pflegen unbedeutende Köpfe die Schwachheiten großer Geister nachzuahmen in der Hoffnung, sie würden deshalb ebenfalls für bedeutend gehalten werden. (Weise ihren logischen Fehler nach.)

Nr. 96. Hat eine Handlung einen egoistischen Zweck zum Motiv, so kann sie keinen moralischen Wert haben; soll eine Handlung moralischen Wert haben, so darf kein egoistischer Zweck, unmittelbar oder mittelbar, nahe oder ferne, ihr Motiv sein. (Schopenhauer, Fundament der Moral, § 16.)

Nr. 97. Höflichkeit ist Klugheit, also ist Unhöflichkeit Dummheit. (Schopenhauer, Parerga I, 492.)

Nr. 98. Alles, was sich zu einer schriftlichen Arbeit nicht eignet, eignet sich noch weniger zu einer Rede; aber nicht alles, was zu einer Hausarbeit taugt, taugt auch zu einer Rede. (Dr. E. Schwab, Olmützer Programm vom Jahre 1867.)

Nr. 99. Gerade Addenden geben immer eine gerade Summe, also werden auch ungerade Addenden immer eine ungerade Summe geben.

Nr. 100. Jedes gleichseitige Dreieck ist gleichwinklig, jedes ungleichseitige Dreieck daher ungleichwinklig. (Wie haben wir uns das zweite Urtheil vermittelt zu denken? — Was für ein Begriffsverhältnis liegt zugrunde? — Was für eine eigenthümliche Art von Folgerung ergibt sich somit für ein derartiges Begriffsverhältnis? — Schema. — Vgl. hiezu Nr. 97 und 98.)

Nr. 101. Wenn ein Betrüger nicht entlarvt wird, so beweist dies nicht, dass er nie betrogen; wenn ein Betrüger entlarvt wird, so beweist dies nicht, dass er immer betrogen. Die Entlarvung beweist also nichts gegen, die Nichtentlarvung nichts für die Thatsachen. (Lazar, Baron Hellenbach: Die Doppelnatur des Menschen.)

Nr. 102. Wenn man nirgends Häute außer als Bedeckungen für thierische Körper findet, so kann man doch sicher schliessen, dass Thiere ohne Häute nicht existieren können. (Vorlesungen über die Wissenschaft der Sprache von Max Müller, II. Theil.)

Nr. 103. Es ist der Satz logisch zu untersuchen: „Ausnahmen bestätigen die Regel." (Begriff: Regel, Ausnahme $=$?) Inwiefern ist der Satz falsch, inwiefern wahr? Was meint man damit?

Nr. 104. Hat der Satz: „Wer einmal lügt, dem glaubt man nicht, und wenn er auch die Wahrheit spricht", logische, hat er ethische Berechtigung?

Nr. 105. Welchen Sinn hat der Satz Goethes: „Wer das Besondere lebendig fasst, erhält zugleich das Allgemeine mit?"

12.) Zu welchen weiteren Folgerungen käme man: *a*) Durch ctp. eines convertierten Urtheiles? *b*) Durch ctp. eines contraponierten Urtheiles? *c*) Durch aeq. eines convertierten Urtheiles? *d*) Durch aeq. eines contraponierten Urtheiles? (Auf diesem Wege gelangt man zu complicierten, in der Praxis nur ganz vereinzelt vorkommenden Fällen, in denen schließlich durchwegs der Begriff non *S* erscheint. Führe die Aufgabe nur schematisch durch. Versuche nun eine Erweiterung unserer Tabellen I und II durch Einfügung dieser non *S*-Folgerungen).

Anmerkung. Es ergibt sich folgende Tabelle:

		S bleibt *S*		*S* wird non *S*	
		Keine Umkehrung	Umkehrung	Keine Umkehrung	Umkehrung
P bleibt *P*		Identität Contradiction Subalternation Contrarietät und Subcontrarietät	Conversion	Contraposition eines convertierten Urtheiles	Äquipollenz eines convertierten Urtheiles
P wird non *P*		Äquipollenz	Contraposition	Contraposition eines contraponierten Urtheiles	Äquipollenz eines contraponierten Urtheiles

Zum Schlusse meines Aufsatzes sei es mir gestattet, die beherzigenswerten Worte John St. Mills über die Wichtigkeit gründlicher Durcharbeitung des im Anschlusse an Drobisch (Logik 1875, §§ 10 und 64) von mir „Folgerungen" benannten Capitels der Logik anzuführen:

John St. Mill, Syst. d. ded. u. ind. Logik, übers. v. Gomperz, I. Bd., pag. 166, 167, spricht sich in dieser Hinsicht aus, wie folgt:

„In einem Handbuch für Schüler wäre es angemessen, bei der Umkehrung und Äquipollenz der Sätze ausführlicher zu verweilen. Denn obgleich man das nicht ein Folgern oder Schließen nennen kann (?), was eine bloße Wiederholung mit anderen Worten von bereits Ausgesagtem ist, so gibt es doch keine wichtigere intellectuelle Gewohnheit und keine, deren Übung strenger in das Gebiet der Logik fällt als die, rasch und sicher die Identität einer Aussage trotz der Verschiedenheit der sprachlichen Einkleidung zu erkennen. Jener wichtige Abschnitt in logischen Handbüchern, der von der Opposition von Sätzen handelt, und die vortreffliche technische Sprache, welche die Logik für die Unterscheidung der verschiedenen Arten oder Modi der Opposition bietet, sind hauptsächlich in dieser Hinsicht von Nutzen. Erwägungen wie diese, dass conträre Sätze beide falsch sein, aber nicht beide wahr sein können; dass subconträre Sätze beide wahr sein, aber nicht beide falsch sein können, dass von zwei contradictorischen Sätzen der eine wahr und der andere falsch sein muss; dass von zwei subalternierten Sätzen die Wahrheit des universellen die Wahrheit des particulären und die Unwahrheit des particulären die Unwahrheit des universellen beweist, aber nicht umgekehrt, mögen auf den ersten Anblick ein sehr technisches und geheimnisvolles Ansehen haben, aber sobald sie einmal erklärt sind, scheinen sie fast zu einleuchtend, um in so formeller Weise dargestellt zu werden, da dasselbe Maß von Erklärung, welches nöthig ist, um die Grundsätze verständlich zu machen, auch hinreichend wäre, um die Wahrheiten, die sie enthalten, in jedem einzelnen Fall, der vorkommen kann, deutlich zu machen. In dieser Hinsicht jedoch steht es mit diesen Axiomen (?) der Logik wie mit jenen der Mathematik. Dass Größen, die derselben Größe gleich sind, auch untereinander gleich sind, ist in jedem einzelnen Falle ebenso einleuchtend, wie in dieser allgemeinen Form des Ausdruckes; und wenn nie ein solcher allgemeiner Grundsatz aufgestellt worden wäre, so würden die Beweise des Euklid darum nie eine Schwierigkeit gefunden haben, die Kluft zu überschreiten, zu deren Überbrückung dies Axiom gegenwärtig dient. Doch hat noch Niemand geometrische Schriftsteller darum getadelt, dass sie ein Verzeichnis dieser elementaren allgemeinen Sätze an die Spitze ihrer Lehrbücher stellten, um dem Schüler eine erste Übung für jene Fähigkeit zu bieten, die man von ihm auf jeden Schritt verlangen wird, die nämlich, eine allgemeine Wahrheit aufzufassen. Auch erwirbt der Anfänger selbst bei der Erläuterung solcher Wahrheiten, wie es die eben angeführten sind, die Gewohnheiten der umsichtigen Auslegung von Worten und der genauen Bemessung der Länge und Breite seiner Aussagen, die zu den unerlässlichsten Bedingungen jeder beträchtlichen geistigen Entwickelung gehört, und deren Pflege einer der Hauptzwecke der logischen Schulung ist."

Wien, im Juni 1890.

Dr. Josef Pommer.

Druck von Wilhelm Köhler, Wien, VI. Mollardgasse 41

Schulnachrichten.

PERSONALSTAND.

A. Lehrkörper.

I. Vertreter der obligaten Fächer.

a) Director.

1. Schwab Erasmus, phil. Dr, Ordinarius in VI, lehrte Geographie und Geschichte in V und VI, 7 Stunden in der Woche. (Wohnt VI. Kasernengasse 20.)

b) Professoren.

2. Rieck Karl, Custos des naturgeschichtlichen Cabinetes, lehrte Naturgeschichte in I A, I B, II A, II B und V, zusammen 15 Stunden. (VI. Haydngasse 21.)
3. Steiner Josef, Ordinarius in IV B, lehrte Latein und Griechisch in IV B, Griechisch in V, zusammen 15 Stunden. (VI. Eszterházygasse 30.)
4. Schram Josef, Custos des Cabinetes für Mathematik, lehrte Mathematik in III A, IV A, IV B, V und VII, zusammen 16 Stunden. (VI. Stumpergasse 16.)
5. Neumann Alois, Ordinarius in II A, lehrte Deutsch und Latein in II A, Deutsch und Griechisch in VI, zusammen 20 Stunden. (Hacking. Auhofstraße 66.)
6. Feistmantel Ernst, Ritter von, Ordinarius in II B, lehrte Deutsch und Latein in II B, Latein in VI, zusammen 18 Stunden. (IV. Pressgasse 22.)
7. Fliedl Johann, Weltpriester, päpstl. Ehrenkämmerer, geistlicher Rath, katholischer Religionsprofessor und Exhortator, lehrte katholische Religionslehre im ganzen Gymnasium, zusammen 20 Stunden. (Fünfhaus, Schönbrunnerstraße 28.)
8. Widmer Jakob, phil. Dr., Ordinarius in I B, lehrte Deutsch und Latein in I B, Griechisch in VIII, zusammen 17 Stunden. (VII. Kaiserstraße 14.)
9. Umlauft Friedrich, phil. Dr., Custos des geographischen Museums, Ordinarius in V, lehrte Geographie in I A. Geographie und Geschichte in II A, III A, IV A und VIII. Deutsch in V, allgem. Naturkunde in VIII, zusammen 22 Stunden. (VI. Eszterházygasse 34.)
10. Fiegl Josef. (VI. Dürergasse 8.) [War als Mitglied des h. Abgeordnetenhauses vom löbl. Gemeinderathe von der Lehrthätigkeit enthoben.]
11. Strauch Franz, phil. Dr., Verwalter der Schülerlade, Ordinarius in I A, lehrte Deutsch und Latein in I A, Latein in V, zusammen 18 Stunden. (VI. Kaunitzgasse 1.)
12. Pommer Josef, phil. Dr., lehrte Mathematik in I A, II B, Physik in III A, Deutsch in VII, philos. Propädeutik in VII und VIII, zusammen 16 Stunden. (VI. Magdalenenstraße 26.)
13. Steinwender Otto, phil. Dr. (VI. Mariahilferstraße 55.) [War als Mitglied des h. Abgeordnetenhauses vom löbl. Gemeinderathe von der Lehrthätigkeit enthoben.]
14. Dressler Ferdinand, Bibliothekar, Ordinarius in III A, lehrte Latein und Griechisch in III A. Griechisch in VII, Latein in VIII, zusammen 20 Stunden. (VI. Millergasse 31.)
15. Mayer Heinrich, Custos der Lehrmittel-Sammlung für Freihandzeichnen, lehrte Freihandzeichnen in I A, II A, III A, III B, IV A, zusammen 20 Stunden. (VI. Millergasse 18.)
16. Jüttner Josef M., phil. Dr., Custos der Landkartensammlung, Ordinarius in VII, lehrte Geographie in I B, Geographie und Geschichte in II B, III B, IV B, VII, Deutsch in IV B und VIII, zusammen 23 Stunden. (VI. Amerlinggasse 4.)
17. Haas Karl, phil. Dr., Custos des physikalischen Cabinetes, Ordinarius in VIII, lehrte Mathematik in VI, VIII, Physik in III B, VII, VIII, Naturgeschichte in VI und Deutsch in IV A, zusammen 20 Stunden. (VI. Matrosengasse 8.)

c) Supplenten.

18. **Böhm Konrad**, geprüft für Latein und Griechisch, Ordinarius in III B. lehrte Deutsch, Latein und Griechisch in III B, Latein in VII, zusammen 19 Stunden. (V. Hundsthurmerstraße 97.)
19. **Burkart August**, geprüft für Latein und Griechisch, Ordinarius in IV A, lehrte Deutsch in III a, Latein und Griechisch in IV a, zusammen 13 Stunden. (II. Pragerstraße 5.)
20. **Kantor Karl**, geprüft für Freihand- (O.-R.) und geometrisches Zeichnen (U.-R.), lehrte Zeichnen in I B, und assistierte beim Zeichenunterrichte in II A, II B, III A, IV A und IV B, zusammen 24 Stunden. (IX. Lazarethgasse 29.)
21. **Kessler Josef**, geprüft für phil. Propädeutik, Mathematik und Physik (O.-G.), lehrte Mathematik in I B, II A, III B, Physik in IV A und IV B, zusammen 15 Stunden [vom 16. April an auch Mathematik in V, somit zusammen 19 Stunden]. (VII. Neubaugasse 21.)
22. **Kleindienst Friedrich**, geprüft für Freihandzeichnen, lehrte Zeichnen in II B und IV B und assistierte beim Zeichenunterrichte in I A, I B, III B, zusammen 20 Stunden (II. Mayergasse 9).
23. **Richter Emanuel**, Professor an der Gumpendorfer Communal-Oberrealschule, lehrte Französisch in III und IV (für „Realschüler"), zusammen 9 Stunden. (VI. Wallgasse 28.)

d) „Hilfslehrer".

So heißen amtlich jene Lehrkräfte, welche einen relativ-obligaten Lehrgegenstand vertreten, für welchen keine definitive Lehrstelle errichtet ist.

24. **Langfelder Leopold**, phil. Dr., israelitischer Religionslehrer, lehrte israelitische Religionslehre im ganzen Gymnasium, zusammen 10 Stunden. (VI. Liniengasse 35.)
25. **Životský Josef**, evang. Vicar, lehrte evangelische Religionslehre im ganzen Gymnasium, zusammen 4 Stunden. (I. Weihburggasse 3.)

II. Lehrer der freien Gegenstände.

26. **Bauer Michael**, Musikdirector bei den Schotten und an der Franziskaner-Kirche, lehrte Gesang in III Abtheilungen, zusammen 4 Stunden. (VI. Gumpendorferstraße 67.)
27. **Bayr Emanuel**, städtischer Oberlehrer, lehrte Kalligraphie in der I., II. (und beziehungsweise III.) Classe, zusammen 6 Stunden. (VI. Corneliusgasse 6.)
28. **Fechter Karl**, geprüft für Turnen an Mittelschulen, leitender Turnlehrer an der Staats-Unterrealschule im II. Bezirke, Hilfsturnlehrer, führte 2 Riegen, zusammen 4 Stunden. (II. Kaiser Josefstraße 5.)
29. **Horn Albin**, leitender, für Mittelschulen geprüfter Turnlehrer, unterrichtete in 6 Riegen, zusammen 12 Stunden (II. Kaiser Josefstraße 9.)
30. **Lewis Ralph**, Lehrer der englischen Sprache, lehrte Englisch in VII und VIII, zusammen 6 Stunden. † 29. October 1889.
31. **Schreiber Johann**, Lehrer der Stenographie an der k. k. Universität und der technischen Hochschule, lehrte Stenographie in 2 Cursen für Schüler des Obergymnasiums, zusammen 4 Stunden. (IV. Hauptstraße 67.)
32. **Willi Peter**, Professor an der Gumpendorfer Communal-Oberrealschule, lehrte Französisch in V und VI, zusammen 6 Stunden. (VI. Gumpendorferstraße 63 F.)

Probe-Candidaten.

Czerny Johann, geprüft für Geographie und Geschichte (O.-G.), zugewiesen dem Professor Dr. Umlauft, betheiligte sich am Unterrichte in der II. A Cl.
Haberda August, phil. Dr., geprüft für Latein und Griechisch (O.-G.) und Deutsch (U.-G.), zugewiesen dem Professor J. Steiner [trat im II. Sem. ein].
Kleiber Franz, phil. Dr., geprüft für Latein und Griechisch (O.-G.) und Deutsch (U.-G.), zugewiesen dem Professor J. Steiner [trat im II. Sem aus], betheiligte sich am Lateinunterrichte in IV B.
Weiß Rudolf, phil. Dr., geprüft für Latein und Griechisch (O.-G.), Deutsch (U.-G.), zugewiesen dem Professor F. Dressler, betheiligte sich am Lateinunterrichte in III A.

B. Dienerschaft.

Wallisch Karl, wirklicher Schuldiener. (VI. Eszterházy-Palais, Schulgebäude.)
Schwöllner Josef, zweiter Schuldiener. (VI. Spörlingasse 6.)
David Karl, dritter Schuldiener. (VII. Neubaugasse 47.)
Gebhardt Johann, Heizer und Hausdiener. (V. Einsiedlergasse 14.)

Vertheilung der Lehrfächer im Schuljahre 1889/90.

Lehrfach	I A	I B	II A	II B	III A	III B	IV A	IV B	V	VI	VII	VIII
Religionsunterricht (kath.)	2 Fiedl	2 Fiedl	2 Fiedl	2 Fiedl	2 Fiedl	2 Fiedl	2 Fiedl	2 Fiedl	2 Fiedl	2 Fiedl	2 Fiedl	2 Fiedl
Deutsch	4|8 Strauch	4|8 Widmer	4|6 Neumann	4|8 Feistmantel	3 Burkart	3 Böhm	3 Haas	3 Jättner	3 Umlauft	8 Neumann	3 Pommer	8 Jättner
Latein	4|8	4|8 Kessler	Kessler	Pommer	6|7 Dressler	6|5 Böhm	6|4 Burkart	6|4 Steiner	6 Strauch	6 Feistmantel	5 Böhm	5 Dressler
Griechisch					5	5		4	5 Steiner	5 Neumann	4 Dressler	5 Widmer
Französisch (für „Realschüler")					5 Richter	5 Richter	Richter	4 Richter				
Geographie und Geschichte	3 Umlauft	3 Jättner	4 Umlauft	4 Jättner	3 Umlauft	3 Jättner	4 Umlauft	4 Jättner	3 Schwab	4 Schwab	3 Jättner	3 Umlauft
Mathematik	3 Pommer	8 Kessler	3 Kessler	3 Pommer	9 Schram	3 Kessler	3 Schram	9 Schram	4 Schram	3 Haas	3 Schram	2 Haas
Naturwissenschaften	Eich	8 Eich	3 Kessler	8 Eich	3 Pommer	8 Haas	3 Kessler	3 Kessler	3 Eich	3 Haas	4 Haas	2 Haas / 2 Umlauft
Philosophische Propädeutik				4 Kleindienst (Kantor)	4 Mayer (Kantor)	4 Mayer (Kleindienst)	4 Mayer (Kantor)	4 Kleindienst (Kantor)				
Zeichnen	4 Mayer (Kleindienst)	4 Kantor (Kleindienst)	4 Mayer (Kantor)	Feistmantel	4 Mayer (Kantor)	4 Mayer (Kleindienst)	4 Mayer (Kantor)	4 Kleindienst (Kantor)			2 Pommer	2 Pommer
Ordinarius	Strauch	Widmer	Neumann	Feistmantel	Dressler	Böhm	Burkart	Steiner	Umlauft	Schwab	Jättner	Haas

1*

Durchführung des Lehrplanes im Schuljahre 1889/90.

A. Untergymnasium.

Lehrziel und Lehrplan sind durch die Verordnung des k. k. Ministers für Cultus und Unterricht vom 26 Mai 1884, Z. 10.128, festgesetzt.

a) Lehrziel*).

Deutsche Sprache.

Richtiges Lesen und Sprechen; gründliche Kenntnis der Formenlehre und Syntax; Sicherheit im schriftlichen Gebrauche der Sprache. Anfänge zur Bildung des Geschmackes durch Auswendiglernen von poetischen und prosaischen Stücken bleibenden Wertes, welche den Schülern erklärt worden sind.

Lateinische Sprache.

Grammatische Kenntnis der lateinischen Sprache, Fertigkeit und Übung im Übersetzen eines leichten lateinischen Schriftstellers.

Griechische Sprache.

Grammatische Kenntnis der Formenlehre des attischen Dialektes, nebst den nothwendigsten und wesentlichsten Punkten der Syntax.

Geographie und Geschichte.

1. Geographie: Die einfacheren Anschauungen und Kenntnisse von der Gestalt und den Bewegungen der Erde. Übersichtliche Kenntnis der Erdoberfläche nach ihrer natürlichen Beschaffenheit, nach Bevölkerung und Staaten, mit besonderer Berücksichtigung der österreichisch-ungarischen Monarchie.

2. Geschichte: Kenntnis der hervorragendsten Personen und Begebenheiten aus der Sagenwelt und der Völkergeschichte, namentlich aus der Geschichte Österreich-Ungarns, auf Grund einer biographisch-chronologischen Behandlung des Gegenstandes.

Mathematik.

Gründliche Vorbildung für den wissenschaftlichen Unterricht im Obergymnasium.

Naturgeschichte.

Genauere Bekanntschaft mit den wichtigsten Formen der organischen und anorganischen Welt, auf unmittelbare Beobachtung der Objecte gegründet; einige Geübtheit in der Erfassung unterscheidender und übereinstimmender Merkmale der Thier- und Pflanzenarten zur Bildung von Gattungen und höheren systematischen Gruppen.

Physik.

Durch das Experiment vermitteltes Verständnis der einfachsten und zugleich wichtigsten Naturerscheinungen nebst der Kenntnis einiger der wichtigsten praktischen Anwendungen.

b) Lehrplan.

I. Classe in 2 parallelen Abtheilungen.

Religionslehre.

a) Kathol. Glaubens- und Sittenlehre. (2 Stunden.)

b) Evangel. bibl. Geschichte des alten Test.: Israel unter den Königen im getheilten Reiche bis zur Rückkehr aus der Gefangenschaft. — Katechismus: I. Hauptst. (Dekalog.) — Sprüche und Kirchenlieder.

c) Israelit. Bibellectüre (deutsch): Genesis, Exodus. — Übungen im Hebräischlesen; Bekanntmachung mit der Liturgie; Übersetzung einiger Gebetstücke.

Deutsche Sprache. (4 St.) Grammatik: Formenlehre im engen Anschluss an die Kummer'sche deutsche Schulgrammatik. Syntax des einfachen Satzes. Rein empirische Erklärung der Elemente des zusammengezogenen und zusammengesetzten Satzes. Praktische Übungen in der Orthographie, allmählich auf die Hauptpunkte ausgedehnt, und in der Anwendung der vorgeschriebenen Rede- und Satzzeichen. Lectüre aus dem Lesebuche mit Erklärungen und Anmerkungen. Memorieren und Vortrag poetischer und prosaischer Musterstücke.

Schriftliche Arbeiten: Zuerst wöchentliche Dictate zu orthographischen Zwecken, später Dictate abwechselnd mit kleinen Aufsätzen.

*) Das Lehrziel gilt im Unter- wie im Obergymnasium für alle österreichischen Gymnasien ohne Ausnahme.

Lateinische Sprache. (8 St.) Grammatik. Die 5 regelmäßigen Declinationen, Adject. und Adv. mit ihrer Comparation, die Cardinal- und Ordinal-Zahlwörter, Pronomina. Sum mit seinen wichtigsten Composita, die 4 regelmäßigen Conjugationen, einige wichtigere Präpositionen und Conjunctionen, eingeübt in beiderseitigen Übersetzungen aus dem Übungsbuche. — Nach etwa 10 Wochen allwöchentlich 1 Composition.

Häusliche Arbeiten der Schüler: Memorieren der Paradigmen und Vocabeln, später häusliches Aufschreiben der in den Lectionen vorgekommenen Übersetzungen ins Latein. Memorieren und Recitieren inhaltreicher Sätze, Denksprüche, als Vorübung zum freien mündlichen Gebrauche der lateinischen Sprache.

Geographie. (3 St.) Vorbegriffe aus der allgemeinen Geographie. Übersicht über die Hauptformen des Festen und Flüssigen in ihrer Vertheilung auf die Erde, sowie über die Lage der bedeutendsten Staaten und Städte, in steter Übung und Ausbildung im Kartenlesen und im Entwerfen einfachster Kartenbilder. Die Elemente der mathematischen Geographie, soweit dieselben zum Verständnisse der Karte unentbehrlich sind und in elementarer Weise erörtert werden können.

Mathematik. (3 St.), abwechselnd 1 St. Arithmetik, 1 St. Geometrie. Arithmetik: Die 4 Species mit ganzen unbenannten und einfach benannten Zahlen. Metrisches Maß- und Gewichtssystem. Theilbarkeit. Größtes Maß und kleinstes Vielfaches mehrerer Zahlen. Die gemeinen Brüche. Decimalbrüche. Das Rechnen mit mehrfach benannten Zahlen.

Geometrische Anschauungslehre: Die Grundgebilde: Die Gerade, der Kreis, der Winkel, die Parallelen. Das Dreieck mit Ausschluss der Congruenzsätze. Die fundamentalen Constructionsaufgaben.

Schriftliche Hausarbeiten: In jeder Conferenzperiode etwa eine schriftliche Scholararbeit.

Naturgeschichte. Thierreich. Anschauungsunterricht. (3 St.) Etwa 4 Monate Säugethiere (50–60 Formen): Vögel, Reptilien, Amphibien und Fische in passender Auswahl, dann einige Formen (etwa 12–14) aus der Abtheilung der Weich- und Strahlthiere. — Gliederthiere mit Bevorzugung der Insecten, und zwar wurden die Gruppentypen aus den Würmern etc. und die Insecten vorgenommen.

Zeichnen. (4 St.) a) Zeichnen ebener geometrischer Gebilde, des geometrischen Ornamentes und der Elemente des Flachornamentes aus freier Hand nach den Vorzeichnungen des Lehrers an der Tafel. b) Theorie der Formenlehre und Stereometrie, erläutert an passenden Anschauungsbehelfen mit Ausschluss jeder Art von Zeichenübung.

II. Classe in 2 parallelen Abtheilungen.

Religionslehre.

a) Erklärung der Ceremonien und Gebräuche der kathol. Kirche. (2 St.)

b) Evangel. I. Sem. Fortsetzung und Schluss der bibl. Gesch. des alten Test. II. Sem. Bibl. Geschichte des neuen Test.: Jesus lehrt in Jerusalem. Leiden u. Sterben Jesu. Auferstehung u. Himmelfahrt Jesu. — Katechismus: Das Gebet des Herrn. — Sprüche und Kirchenlieder.

c) Bibellectüre (deutsch): Leviticus, Numeri, Deuteronomium, Josua. — Übungen im Hebräischlesen; Bekanntmachung mit der Liturgie; Übersetzung einiger Gebetstücke.

Deutsche Sprache. (4 St.) Wiederholung des einfachen und erweiterten einfachen Satzes: Der zusammengesetzte Satz. Lectüre aus dem Lesebuch im Sinne der Instructionen. Memorieren aus Prosa und Poesie (mit der durch die Instructionen vorgeschriebenen Auswahl). Schriftliche Arbeiten nach Vorschrift.

Lateinische Sprache. (8 St.) Unregelmäßigkeiten der nomina und verba Impersonalia. Conjunctionen. Gebrauch der Participia, des Infinitiv, des Acc. c. Infinitiv., des Nom. c. Infinitiv., der Fragesätze und des Supinums. — Präparationen, Schul- und Hausarbeiten nach Vorschrift.

Geographie und Geschichte. (4 St.) a) Geographie, 2 St.: Fortführung der mathematischen Geographie, namentlich in Bezug auf die Verhältnisse verschiedener Breitenlagen. Specielle Geographie Asiens und Afrikas nach Lage und Umriss, in oro-hydrographischer und topographischer Hinsicht unter steter Rücksicht auf die klimatischen Zustände, namentlich in ihrem Zusammenhange mit der Vegetation, den Producten der einzelnen Länder, der Beschäftigung, dem Verkehrsleben und den Culturverhältnissen der Völker. Horizontale und verticale Gliederung Europas. Specielle Geographie von Süd- und Westeuropa.

b) Geschichte. (2 St.) Übersichtliche Darstellung der Geschichte des Alterthums, hauptsächlich der Griechen und Römer, mit besonderer Berücksichtigung des biographischen und sagenhaften Elementes.

Arithmetik. (3 St.) Abwechselnd 1 St. Arithmetik, 1 St. Geometrie. Arithmetik: Wiederholung und Durchübung der Bruchrechnung, abgekürzte Multiplication und abgekürzte Division. Die Hauptsätze über Verhältnisse und Proportionen. Einfache Regeldetri mit Anwendung der Proportionen und der Schlussrechnung. Das Wichtigste über Münzen, Maße und Gewichte. Procentrechnung, einfache Zins- und Discontrechnung.

Geometrische Anschauungslehre: Congruenz der Dreiecke und Anwendungen. Die wichtigsten Eigenschaften des Kreises, der Vierecke und Vielecke. — Schriftliche Arbeiten wie in I.

Naturgeschichte. Anschauungsunterricht. (3 St.) 1 Sem.: Mineralreich. Beobachtung und Beschreibung einer mäßigen Anzahl (24 —30) der wichtigen und sehr verbreiteten Mineralarten ohne besondere Rücksicht auf Systematik, mit gelegentlicher Vorweisung der gewöhnlichsten Gesteinsformen.

2. Sem.: Pflanzenreich. Beobachtung und Beschreibung einer Anzahl von Samenpflanzen verschiedener Ordnungen, allmähliche Anbahnung des Verständnisses ihrer systematischen Gruppierung; Einbeziehung einiger Sporenpflanzen in den Kreis der Betrachtung.

Zeichnen. (4 St.) a) Theorie, Erklärungen aus der Perspective an der Hand der Apparate. b) Zeichnen räumlicher geometr. Gebilde aus freier Hand nach perspectivischen Grundsätzen durchgeführt an Draht- und Holzmodellen. Zeichnen des Flachornamentes in fortschreitender Weise nach dem Vorbilde an der Tafel.

III. Classe in 2 parallelen Abtheilungen.

Religionslehre.
a) Geschichte der göttlichen Offenbarung des alten Bundes. (2 St.)
b) Evangel. Die letzten Schicksale des jüd. Volkes bis zum Erscheinen des Heilandes. — Bibelkunde des alten Testamentes. Geographie Palästinas. — Katechismus: Die Sacramente. — Sprüche und Kirchenlieder.
c) Comb. mit Classe 4.

Deutsche Sprache. (3 St.) Grammatik. Systematischer Unterricht in der Formen- und Casuslehre mit Berücksichtigung der Bedeutungslehre.

Lectüre nach dem Lesebuche mit Erklärungen und Anmerkungen. Letztere dienen insbesondere stilistischen Zwecken und beschäftigen sich mit der Form der Lesestücke im ganzen, wie im einzelnen. Memorieren und Vortragen.

Monatlich 2 Aufsätze, abwechselnd Schul- und Hausarbeiten.

Lateinische Sprache. (6 St.) Grammatik, 3 St.: Lehre von der Congruenz, vom Gebrauche der Casus und der Präpositionen an der Hand von lateinischen Musterbeispielen und von deutschen Beispielsätzen (Satzextemporalien). Grammatische zusammenhängende Aufgaben, theils nach Süpfle, Th. 1, theils zusammengestellt nach Nepos. — Alle 14 Tage eine Composition von einer ganzen Stunde.

Lectüre. 3 St. Eine Auswahl aus den Vitae des Corn. Nepos.

Häusliche Arbeiten der Schüler: Alle 3 Wochen ein Pensum. — Präparation auf die Lectüre, Vocabularien. — Memorieren einzelner Lesestücke.

Griechische Sprache. (5 St.) Grammatik. Regelmäßige Formenlehre mit Ausschluss der Verba in μι, eingeübt in beiderseitigen Übersetzungen aus dem Übungsbuche.

Memorieren, Präparationen.

Im 2. Sem. alle 14 Tage ein Pensum, alle 4 Wochen eine Composition.

Französisch. (5 St.) Die Aussprache und das Lesen. Die regelmäßige Formenlehre mit besonderer Berücksichtigung der Elemente der Lautlehre. Mündliche und schriftliche Übersetzungen aus dem Französischen und in dasselbe. Leichte prosaische Lectüre aus dem Lesebuche. Versuche mündlicher Reproduction gelesener Stücke. Haus- und Schulaufgaben nach Erfordernis.

Geographie und Geschichte. (3 St.) Abwechselnd Geographie und Geschichte. a) Geographie: Übersichtliche Darstellung der mathematischen Geographie im Zusammenhange, namentlich in Bezug auf das Verhältnis der wirklichen Bewegungen zu den scheinbaren. Vergleichende specielle Geographie der in II nicht behandelten Länder Europas, mit Ausschluss der österr.-ungar. Monarchie in engerer Beziehung zur Geschichte. Specielle Geographie Amerikas und Australiens.

b) Geschichte: Gedrängte Übersicht über die wichtigsten Personen und Begebenheiten aus der Geschichte des Mittelalters mit Hervorhebung der Hauptereignisse aus der Geschichte Österreich-Ungarns; am Schlusse Recapitulation und Hervorhebung der das specielle Land betreffenden Ereignisse und ihrer Beziehungen zu der Geschichte der übrigen Theile der Monarchie.

Mathematik. (3 St.) Abwechselnd 1 St. Arithmetik, 1 St. Geometrie. Arithmetik: Das abgekürzte Rechnen mit unvollständigen Zahlen. Die 4 Grundoperationen mit ganzen und gebrochenen allgemeinen Zahlen. Potenzieren Quadrat- und Kubikwurzel. Anwendung der abgekürzten Division beim Ausziehen der Quadrat- und Kubikwurzel.

Geometrische Anschauungslehre: Flächengleichheit. Verwandlung und Theilung der Figuren. Die Lehrsätze über Flächengleichheit im rechtwinkeligen Dreiecke, mit mannigfachen Anwendungen auf Constructionen und Berechnungen. Längen- und Flächenberechnung. Ähnlichkeit. — Schriftliche Arbeiten wie in I und II.

Physik. Experimental-Physik (3 St.) (An den übrigen Gymnasien 2 St.) Allgemeine Eigenschaften der Körper. Besondere Eigenschaften. Wärmelehre. Magnetismus, Elektricität, Optik, strahlende Wärme.

Zeichnen. (4 St.) Zeichnen stereometrischer Körpergruppen nach den Modellen von Stefflitschek. Übungen im Zeichnen des Flachornamentes nach Entwürfen des Lehrers an der Tafel, dann nach farblosen und polychromen Musterblättern. Theorie und Übung mehrfacher Darstellungsmanieren und Elemente der Farbenlehre.

IV. Classe in 2 parallelen Abtheilungen.

Religionslehre.

a) Geschichte der göttlichen Offenbarung des neuen Bundes. (2 St.)
b) Evang. Religionslehre comb. mit Cl. III.
c) Glaubens- und Pflichtenlehre; ausgewählte Sprüche. — Bibelkunde. — Geschichte: Die hervorragendsten Momente der nachbiblischen jüdischen Geschichte bis auf Mendelssohn.

Deutsche Sprache. (3 St.) Grammatik: Systematischer Unterricht. Syntax des zusammengesetzten Satzes, die Periode. Grundzüge der Prosodik und Metrik.
Lectüre wie in III. Die Anmerkungen werden zum Schlusse übersichtlich zusammengefasst. Memorieren und Vortragen. Aufsätze wie in III.

Lateinische Sprache. (6 St) Grammatik, 3 St.: Die Tempora und Modi mit den Conjunctionen. Alle 14 Tage eine Composition von einer ganzen Stunde, alle 3 Wochen eine Hausaufgabe.
Lectüre, 3 St : Caesars bell. Gallicum, Buch I., II., VI., 13 — 28. — In der 2. Hälfte des 2. Sem. Einführung in die Lectüre Ovids.

Griechische Sprache. (4 St) Grammatik: Repetition des vorjährigen Pensums unter Hinzufügung wichtigerer Abweichungen vom Regelmäßigen. Die Verba in μ: und die Verba anomala. Hauptpunkte der Syntax, eingeübt wie in III.
Alle 14 Tage ein Pensum, alle 4 Wochen eine Composition.

Französisch. (4 St.) Wiederholung und Ergänzung der Formenlehre. Die wichtigsten Lehren aus der Syntax, insbesondere die Syntax des Artikels, die Modus- und Tempuslehre. Prosaische und poetische Lectüre aus dem Lesebuche. Kleine Sprechübungen im Anschlusse an die Lectüre. Haus- und Schulaufgaben nach Erfordernis.

Geographie und Geschichte. (4 St.) 1. Sem : Übersichtliche Darstellung der Geschichte der Neuzeit mit Hervorhebung der für Österreich-Ungarn wichtigsten Personen und Begebenheiten.
2 Sem.: Specielle Geographie der österr.-ungar. Monarchie nach den Hauptpunkten ihres gegenwärtigen Zustandes im Hinblicke auf die wichtigsten Thatsachen ihrer Geschichte unter Hervorhebung des engeren Heimatlandes.

Mathematik. (3 St.) abwechselnd 1 St. Arithmetik, 1 St. Geometrie Arithmetik: Die Lehre von den Gleichungen mit einer und mit mehreren Unbekannten. Die zusammengesetzte Regeldetri; der Kettensatz, die Zinseszinsenrechnung.
Geometrische Anschauungslehre: Stereometrische Anschauungslehre. Gegenseitige Lage von Geraden und Ebenen. Die körperliche Ecke, Hauptarten der Körper. Oberflächen- und Rauminhaltsberechnung. Schriftliche Arbeiten wie in I—III.

Physik. (3 St *) (An den übrigen Gymnasien 2 St.) Akustik. Mechanik. Chem. Grundbegriffe.

Zeichnen. (3 St.) Zeichnen nach dem plastischen Ornamente: Combinierte stereometrische Gebilde in perspectivischer Darstellung und einfache Architekturstücke mit Erläuterung der Stilarten. Zeichnen von Flachornamenten in polychromer Darstellung.

Geometrisches Zeichnen (1 St.) Die ersten Elemente der orthogonalen Projection.

---

*) Im Untergymnasium weicht der Lehrplan der beiden Wiener Communal-Gymnasien von dem durch die neue Ministerial-Verordnung festgestellten Lehrplane insoweit ab, als die Vertheilung des Stoffes der Naturwissenschaften etwas anders ist; die Naturgeschichte wird nämlich an den Wiener Communal-Gymnasien bereits mit der zweiten Classe, an den übrigen Gymnasien erst mit dem ersten Semester der dritten Classe beendigt. Da das Lehrziel für alle Gegenstände an allen Gymnasien gleich ist, so gewinnt der Lehrer der Physik an den Wiener Communal-Gymnasien in der III und IV. Classe Zeit, um den Lehrstoff in der Schulstunde mit den Schülern durchzuarbeiten.

B. Obergymnasium.

Lehrziel und Lehrplan sind durch die Verordnung des k k. Ministers für Cultus und Unterricht vom 26. Mai 1884, Z. 10.128, festgesetzt.

a) Lehrziel.

Deutsche Sprache.

Gewandtheit und stilistische Correctheit im schriftlichen und mündlichen Gebrauche der Sprache zum Ausdrucke des allmählich sich erweiternden eigenen Gedankenkreises; historische Kenntnis des Bedeutendsten aus der Nationalliteratur; daraus sich entwickelnde Charakteristik der Hauptgattungen der prosaischen und poetischen Kunstformen.

Lateinische Sprache.

Kenntnis der römischen Literatur in ihren bedeutendsten Erscheinungen und in ihr des römischen Staatslebens. Erwerbung des Sinnes für stilistische Form der lateinischen Sprache und dadurch mittelbar für Schönheit der Rede überhaupt.

Griechische Sprache.

Gründliche Lectüre des Bedeutendsten aus der griechischen Literatur, soweit es die dem Gegenstande zugemessene beschränkte Zeit zulässt.

Geographie und Geschichte.

Kenntnis der Hauptbegebenheiten der Völkergeschichte in ihrem pragmatischen Zusammenhange und ihrer Abhängigkeit von den natürlichen Verhältnissen, verbunden mit einer systematischen Darstellung der hervorragendsten Momente aus der Culturgeschichte, insbesondere der geschichtlichen Entwickelung der Griechen und Römer und der österreichisch-ungarischen Monarchie.

Mathematik.

Gründliche Kenntnis und sichere Durchübung der elementaren Mathematik.

Naturgeschichte.

Systematische Übersicht der Thier- und Pflanzengruppen auf Grund der Kenntnis der nothwendigsten Thatsachen aus ihrer Morphologie, Anatomie und Physiologie. Kenntnis der Formen und Eigenschaften der wichtigsten Mineralien mit gelegentlichen Belehrungen über den Bau und die Entwickelung des Erdkörpers.

Physik.

Verständnis der wichtigsten Naturerscheinungen nicht bloß durch Beobachtung und Versuch, sondern auch durch elementare Rechnung vermittelt, soweit hiezu die mathematischen Kenntnisse der Schüler reichen.

Philosophische Propädeutik.

Ergänzung der Erfahrungskenntnisse von der Außenwelt durch erfahrungsmäßige Auffassung des Seelenlebens; zusammenhängende Kenntnis der allgemeinsten Gedankenformen als Abschluss des bisherigen und als Vorbereitung des bevorstehenden strengeren wissenschaftlichen Unterrichtes.

b) Lehrplan.

V. Classe.

Religionslehre.

a) Beweis der Wahrheit der katholischen Religion. (2 St.)

b) Evangel. Glaubens- und Sittenlehre, I. Theil: Pflichten gegen Gott. — Lectüre der Briefe des Jacobus und Petrus. Sprüche aus diesen Briefen.

c) Comb mit Cl. VI.

Deutsche Sprache. (3 St.) Grammatik: Wortbildung. Lehnwörter, Fremdwörter, Volksetymologie.

Lectüre nach dem Lesebuche mit Erklärungen und Anmerkungen. Die letzteren haben neben ihren sonstigen stilistischen Zwecken hauptsächlich die Aufgabe, eine Charakteristik jener epischen, lyrischen und rein didaktischen Dichtungsgattungen zu liefern, welche dem Schüler durch die Lectüre in früheren Jahrgängen und in diesem Jahre selbst bekannt geworden sind. Ausgewählte Partien aus Wielands Oberon und Klopstocks Messias. Memorieren und Vortragen. Aufsätze wie in III.

Lateinische Sprache. (6 St.) Lectüre, 5 St.: 1. Sem. Livius. Mit Ausnahme des Proömiums Buch I. Recapitulation des Gelesenen. 2. Sem. Ovid, und zwar eine Auswahl vornehmlich aus den Metamorphosen, Fasti und Tristia; daneben Livius, XXI, c. 7—16; c. 30—38; c. 40—47. — 1 St. grammatisch-stilistischer Unterricht. Präparation. Vocabularien. — Monatlich ein Pensum und eine Composition. — Memorieren ausgewählter Stücke aus Ovid. — Feriallectüre Livius Rest von lib. XXI.

Griechische Sprache. (5 St.) Lectüre, 4 St.: Xenophon's Anabasis: Auswahl aus Schenkls Chrestomathie Homers Ilias: I. und II. (mit Ausschluss des Schiffskataloges). — Einige Stellen der Ilias memoriert.
Grammatik, 1 St. Repetition der Formenlehre; Casuslehre — Alle 4 Wochen eine Composition.

Geographie und Geschichte. (3 St.) Geschichte des Alterthums, vornehmlich der Griechen und Römer bis zur Unterwerfung Italiens mit besonderer Hervorhebung der culturhistorischen Momente und mit fortwährender Berücksichtigung der Geographie.

Mathematik. (4 St.) Arithmetik, 2 St.: Wissenschaftlich durchgeführte Lehre von den 4 Grundoperationen. Grundlehren der Theilbarkeit der Zahlen. Theorie des größten gemeinsamen Maßes und des kleinsten gemeinsamen Vielfachen, angewandt auch auf Polynome. Lehre von den Brüchen. Von Zahlensystemen überhaupt und vom dekad. insbesondere. Verhältnisse und Proportionen. Gleichungen des 1. Grades mit einer und mit mehreren Unbekannten nebst Anwendung auf praktisch wichtige Aufgaben.
Geometrie, 2 St.: Planimetrie in wissenschaftlicher Begründung. Schriftliche Arbeiten wie in IV.

Naturgeschichte. Systematischer Unterricht. (3 St.) (An den übrigen Gymnasien 2 St.) 1. Sem.: Mineralogie. Kurze leichtfassliche Behandlung der Krystallographie. Durchnahme der allerwichtigsten Mineralien hinsichtlich der physikalischen und sonstigen belehrenden Beziehungen nach einem Systeme mit Ausschluss aller seltenen oder der Anschauung der Schüler nicht zugänglichen Formen.
2. Sem.: Botanik. Charakterisierung der Gruppen des Pflanzenreiches in ihrer natürlichen Anordnung, sowie der wichtigsten Pflanzenordnungen auf Grund des morphologischen und anatomischen Baues, abgeleitet aus der Betrachtung typischer Pflanzenformen; gelegentliche Belehrung über Lebensverrichtungen der Pflanze und über etwaige der Schulsammlung angehörige vorweltliche Formen, Ausschluss aller systematischen Details.

VI. Classe.

Religionslehre.
a) Die Glaubenslehre der katholischen Kirche. (2 St.)
b) Comb mit der Classe V.
c) Geschichte der Juden: Vom babylonischen Exil bis zu Herodes Tode. — Bibellectüre (deutsch). Ausgewählte Psalmen.

Deutsche Sprache. (3 St.) Grammatik: Genealogie der germanischen Sprachen; außerdem Lautverschiebung, Vocalwandel. Lectüre: Für die mhd. Zeit einige Proben im Grundtexte, sonst zum größeren Theile nach dem Lesebuche. Lessings „Minna v. B."
Literaturgeschichte (vom rein historischen Standpunkte) im Grundriss, von den Anfängen bis zu den Stürmern mit näherem Eingehen dort, wo Lectüre sich anschließt. — Von drei zu drei Wochen abwechselnd 1 Schul- und 1 Hausarbeit.

Lateinische Sprache. (6 St.) Lectüre, 5 St.: Sallustii bell. Jugurthinum; Cic. in Catil. or. I. Vergilii Ecl. I, Georg. I. II. 136—176, l. III. 339—383, Aeneid L. I.
1 St. grammatisch-stilistischer Unterricht im Anschluss an Süpfle's Übungsbuch II. — Präparationen, Haus- und Schularbeiten nach Vorschrift.

Griechische Sprache. (5 St.) Lectüre, 4 St 1. Sem.: Auswahl aus Hom. Ilias B. III. VI. VII. XVI.; aus Xenoph. Comm. I. Vertheidigung des Sokrates gegen seine Ankläger und III. „Herakles am Scheidewege". Im II. Sem. Herod. B. VII. (Ausg. Hintner) und Hom. Ilias B. XIX.
Grammatik: Tempus- und Moduslehre. Pensa nach Vorschrift.

Geographie und Geschichte. (4 St.) Schluss der Geschichte der Römer bis zum Untergange des weströmischen Reiches. Geschichte des Mittelalters; eingehende Behandlung der Geschichte des Papstthums und Kaiserthums, dagegen Einschränkung der Territorialgeschichte auf die universalhistorisch wichtigsten Begebenheiten; stets Berücksichtigung der Culturgeschichte und Geographie.

Mathematik. (3 St.) Abwechselnd 1 St. Arithmetik, 1 St. Geometrie.
Arithmetik: Im 1. Sem. die Lehre von den Potenzen. Wurzeln und Logarithmen. Im 2. Sem. quadratische Gleichungen mit einer Unbekannten und ihre Anwendung auf die Geometrie. **Geometrie:** Im 1. Sem. **Stereometrie** und im 2. Sem. **ebene Trigonometrie** mit reichlichen Anwendungen. — Schriftliche Arbeiten wie in V.

Naturgeschichte. Systematischer Unterricht. (3 St.) (An anderen Gymnasien 2 St.) **Zoologie:** Das Nothwendigste über den Bau des Menschen und die Verrichtungen der Organe desselben mit passend angebrachten Bemerkungen über Gesundheitspflege. Betrachtung der Classen der Wirbelthiere und der wichtigeren Gruppen der wirbellosen Thiere mit Zugrundelegung typischer Formen, nach morphologisch-anatomischen und entwickelungsgeschichtlichen Verhältnissen unter strenger Ausscheidung des systematischen Details; gelegentliche Berücksichtigung vorweltlicher Formen.

VII. Classe.

Religionslehre.
a) Die Sittenlehre der katholischen Kirche. (2 St.)
b) Comb. mit Classe V und VI.
c) Geschichte der Juden: Vom Erlöschen des Gaonats bis zum Ende des Mittelalters. — Bibellectüre (deutsch): Ausgewählte Artikel aus dem Pentateuch (Leviticus, Numeri) und dem Propheten Jeremia; einige ausgewählte Stellen aus dem Propheten Ezechiel und den zwölf kleinen Propheten.

Deutsche Sprache. (3 St.) Lectüre (zum Theil nach dem Lesebuche): Herder, Goethe, Schiller. Privatlectüre im Sinne der Instructionen.
Literaturgeschichte ähnlich wie in VI, bis zu Schillers Tode. Aufsätze wie in VI. Redeübungen begonnen.

Lateinische Sprache. (5 St.) Lectüre, 4 St.: Ferial-Lectüre: Vergili Aeneid. III. (controliert). — Schullectüre: Cicero: Philipp. II., de imperio Cn. Pompei, pro Archia p., Laelius. — Vergili Aeneid. II. VI. VIII. v. 1 bis c. 200. — 1 St. gramm.-stilist. Übungen aus Süpfle Th. II. Jeden Monat eine Haus- und Schularbeit.

Griechische Sprache. (4 St.) Lectüre, 3 St. 1 Sem.; Demosthenes: 1. Philippische, 1. und 2. Olynthische Rede. Rede vom Frieden. Über die Angelegenheiten im Chersones. — 2. Sem.: Homer: Odyssee, 1., 5. und 6. Gesang.
Grammatik und Pensum oder Composition wie in V.

Geographie und Geschichte. (3 St.) Geschichte der Neuzeit mit besonderer Hervorhebung der durch die religiösen, politischen und wirthschaftlichen Umwälzungen hervorgerufenen Veränderungen im Bildungsgange der Culturvölker und mit fortwährender Berücksichtigung der Geographie.

Mathematik. (3 St.) Abwechselnd 1 St. Arithmetik, 1 St. Geometrie. Arithmetik: Quadratische Gleichungen mit zwei Unbekannten und solche höhere Gleichungen, die sich auf quadratische zurückführen lassen. Progressionen. Zinseszinsen- und Rentenrechnung. Kettenbrüche. Diophantische Gleichungen des 1 Grades. Combinationslehre mit Anwendung. Binomischer Lehrsatz.
Geometrie: Trigonometrische Aufgaben und goniometrische Gleichungen. Elemente der analytischen Geometrie in der Ebene mit Einschluss der Kegelschnittslinien. — Schriftliche Arbeiten wie in VI.

Physik. (4 St.) (An den übigen Gymnasien 3 St.) Ergänzung des im Untergymnasium über die allgemeinen Eigenschaften der Körper Durchgenommenen. Mechanik. Wärmelehre. Chemie. Wellenbewegung. Akustik.

Philosophische Propädeutik. (2 St.) Formale Logik mit besonderer Berücksichtigung ihrer praktischen Anwendung.

VIII. Classe.

Religionslehre.
a) Geschichte der katholischen Kirche. (2 St.)
b) Comb. mit Classe V, VI und VII.
c) Geschichte der Juden: Vom Ende des Mittelalters bis auf die Gegenwart. — Bibellectüre (deutsch): Ausgewählte Capitel aus dem Pentateuch (Deuteronomium) und aus Hiob. — Zusammenfassung der Lehren der israelitischen Religion.

Deutsche Sprache. (3 St.) Lectüre (zum Theile aus dem Lesebuch). Goethe, Schiller, Lessings Laokoon; Auswahl aus der „Hamburg. Dramaturgie". Privatlectüre ähnlich wie in VI. Redeübungen. Literaturgeschichte bis zu Goethes Tode. Überblick über die Entwickelung der deutschen Literatur in Österreich im XIX. Jahrhundert mit besonderer Berücksichtigung Grillparzers. Alle 3 Wochen ein schriftlicher Aufsatz.

Lateinische Sprache. (5 St.) Lectüre, 4 St. Tacit. Germ. c. 1—27. — Ann. I. c. 1—70. — Horaz Od. I, 1, 3, 4, 6, 7, 17, 28, 31, 32. II, 3, 6, 13, 14. 20. III, 13, 29, 30. IV, 2, 3, 7, 8, 9, 12. Epod. 2, 18. Sat I, 6. Epist. I, 1. — Gramm.-stilist. Übungen 1 St., Pensa und Compositionen wie in V.

Griechische Sprache. (5 St.) Lectüre, 4 St 1. Sem. Platon: Apologie des Sokrates, Kriton, Laches. — 2. Sem. Sophokles: Antigone; Homer, Odyssee 9.
Grammatik und Pensum oder Composition wie in V.

Geographie und Geschichte. (8 St.) 1. Sem.: Geschichte der österreichisch-ungarischen Monarchie in ihrer weltgeschichtlichen Stellung unter gleichzeitiger Recapitulation der Beziehung Österreich-Ungarns zu den anderen Staaten und Völkern Übersichtliche Darstellung der bedeutendsten Thatsachen aus der inneren Entwickelung des Kaiserstaates.
2 Sem. (2 St): Eingehende Schilderung der wichtigsten Thatsachen über Land und Leute. Verfassung und Verwaltung. Production und Cultur der österreichisch-ungarischen Monarchie mit Vergleichung der heimischen Verhältnisse und der anderen Staaten, namentlich der europäischen Grofsstaaten. — 1 St.: Recapitulation der wichtigeren Partien der griechischen und römischen Geschichte.

Mathematik. (2 St.) Wiederholung der Elementarmathematik (vorzüglich des Unterrichtsstoffes der drei letzten Semester), vornehmlich in praktischer Weise durch Lösung von Übungsaufgaben — Schriftliche Arbeiten wie in VII.

Physik. (2 St.) (An den übrigen Gymnasien 3 St.) Magnetismus. Elektricität. Optik. Elemente der Astronomie.

Philosophische Propädeutik. (2 St.) Empirische Psychologie.

Allgemeine Naturkunde*). (2 St.) Astronomische Erdkunde. Meteorologie, Geologie, besonders die Ursachen der Umgestaltung der Erdoberfläche.

Freie Gegenstände.

I. Französische Sprache im Obergymnasium.

A. (Schüler aus der V. Classe.) Formenlehre und die wichtigsten Partien der Syntax. Schriftliche Arbeiten nach Erfordernis. 3 St. wöchentlich.
B. (Schüler aus der VI. Classe.) Wiederholung der Formenlehre und erweiterte Syntax. Lectüre: Le Cid von Corneille, Bourgeois Gentilhomme von Molière, Gil Blas von Lesage (Schulausgabe von Klasing). 3 St. wöchentlich. Schriftliche Arbeiten.

II. Kalligraphie.

I. Abth. Deutsche und lateinische Schrift. — II. Abth. Ronde- und Blockschrift. Je 3 St.

III. Stenographie.

I. Abth. Wesen der Stenographie. Verhältnis der Laute in Rücksicht auf ihr häufiges Auftreten. Abstufung der Zeichen. Physiologische Erscheinung der Laute, ihre schriftbildliche Gestaltung nach dem Systeme „Gabelsberger". Andeutung der Vocale. Verschmelzungen der Zeichen. Orthographische Unterscheidungen. Vor- und Nachsilben. Das Wichtigste aus der Wortkürzungslehre. Übungen im Lesen stenographischer Darstellungen und Schnellschreibübungen. 2 St.
II. Abth. Ausführliche Darstellung und Einübung sämmtlicher Wortkürzungen. Satzkürzungslehre. Schnellschriftliche Versuche und Leseübungen. 2 St.

IV. Gesang.

I. Abth. Einleitung. Erklärung der musikalischen Zeichen. Allgemeine Grundsätze für den ersten Gesangsunterricht. Von der Haltung des Körpers. Das Athmen. Die Aussprache. Von den Tönen. Stammtonleiter. Die Scala. Vom Takte. Tonarten. — Praktisch-methodische Anwendung des Vorgetragenen in einstimmigen Liedern. 2 St.
II. Abth. Das Treffen. Von dem Vortrage. Systematische zwei- und dreistimmige Gesänge. 1 St.
III. Abth. Leichte Männerchöre. 1 St.

---

*) Im Obergymnasium weicht der Lehrplan der beiden Wiener Communal-Gymnasien von dem durch die neue Ministerial-Verordnung festgestellten Lehrplane nur insoweit ab, als 1. in der achten Classe „Allgemeine Naturkunde" gelehrt wird, was eine etwas geänderte Vertheilung des Lehrstoffes aus der Physik in VII und VIII zur Folge hat, und 2. in der V. und VI. Classe für Naturgeschichte je 3 Stunden bestimmt sind, wodurch der Lehrer Zeit gewinnt, um den Lehrstoff in der Schulstunde mit den Schülern durchzuarbeiten.

V. Turnen.

Das Classenturnen wird in der Weise durchgeführt, dass nächst Einhaltung des Classen-
verbandes die turnerische Vorbildung und körperliche Entwickelung maßgebend ist. Die Schüler
waren in 9 Riegen getheilt. Jede Riege wurde in 2 Wochenstunden unterrichtet. Bei den ersten
4 Riegen wurde das Hauptgewicht auf Frei- und Ordnungs-, leichte Spring- und leichte Kletter-
und Hangübungen gelegt. Mit den Schülern der übrigen Riegen wurden diese Übungen hauptsächlich in Absicht auf Sicherheit und Schönheit der Ausführung wiederholt und insbesondere
dem Gerätheturnen mehr Zeit gewidmet. Mit den Schülern des Obergymnasiums wurde an
sämmtlichen Geräthen ohne Beschränkung geturnt und in öfter gestatteter Turnkür dem Be-
dürfnisse der vorgeschritteneren Schüler nach individueller Kraftäußerung entsprechend Rechnung getragen.

Verzeichnis der im Schuljahre 1889/90 verwendeten Lehrtexte und Lehrbehelfe.

(Die römischen Ziffern bedeuten die Classen, in welchen die Bücher verwendet wurden.)

Religionslehre.

a) Katholische. I Leinkauf, Glaubens- und Sittenlehre; II Leinkauf, Liturgik;
III Bellmann, Geschichte der Offenbarung des alten Testamentes; IV Bellmann, Geschichte
der Offenbarung des neuen Testamentes; V Wappler, 1. Theil; VI Wappler, 2. Theil;
VII Wappler, 3. Theil; VIII Fischer, Geschichte der katholischen Kirche.
b) Evangelische. 1—VI Gesangbuch, Stuttgart 1862; I II Biblische Geschichte für
den evangelischen Religionsunterricht, Lahr 1879; I—II A. C. Luthers Kleiner Katechismus;
III—IV Palmer, Bibelkunde und Geschichte der christlichen Kirche; III—IV A. C. Redlich,
Christliche Religionslehre der evangel. Kirche; I—IV H. C. Heidelberger Katechismus,
revid. von Witz-Stöber; V—VIII Palmer, Christliche Glaubens- und Sittenlehre; VIII Novum
testamentum Graece, ed. Tischendorf.
c) Israelitische. I—VIII Auerbach, Kleine Schul- und Hausbibel, 1. Theil; III bis
VIII Schul- und Hausbibel, 2. Theil; IV Breuer, Glaubens- und Sittenlehre; V u. VI Breuer,
Geschichte der Juden und des Judenthums, 2. Theil; VII und VIII Cassel, Leitfaden der
jüdischen Geschichte und Literatur.

Deutsche Sprache.

Lesebücher: I Neumann, I., 10. Aufl.; II Lampel, 2. Theil, 8. Aufl.; III Lampel,
3. Theil, 2. Aufl.; IV Lampel, 4. Theil, 2. Aufl.; V Lampel, f. O.-G. 1. Theil; VI Lampel,
2. Theil, 3. Aufl. (mit Ausschluss der 1. und 2. Aufl.); VII Lampel, 3. Theil; VIII Egger,
2. Theil, 1. Band, 8. Aufl. und 2. Band, 5. Aufl. — Grammatik: I—III Kummer, 2. Aufl.;
IV Hermann, 7. Aufl. — Regeln und Wörterverzeichnis I—IV.

Lateinische Sprache.

Grammatik: I Scheindler; II—VIII Schmidt (I—V 6. Aufl., 2. Ausgabe, VI—VIII
5. Aufl.). — Übungsbücher: I Steiner-Scheindler, II Hauler, 10 event. 11. Aufl. *);
III und IV Süpfle, Stilübungen, 1. Theil, 19. Aufl.; V—VII Stilistische Übungen, 2. Theil;
VIII 3. Theil. — Lectüre: III C. Nepos (ed. Weidner); IV Caesar, de bello Gallico (ed.
Prammer) [Lexikon zu Caesar von Prammer empfohlen]; IV und V Ovid (Schmidt-Gehlen);
V Livius (ed. Zingerle); VI Sallust, Jugurtha (ed. Scheindler); Cicero in Catilinam I. (ed.
Kornitzer); Vergil, Aeneis, Georgicon, Eclogae (ed. Teubner); Caesar, bellum civile (ed.
Teubner); VII Cicero, Philipp. or. II (ed. Teubner) de imperio Cn. Pompei (Tempsky), pro
Archia (Tempsky), Laelius (ed. Kornitzer); Vergil, Aeneis (ed. Teubner); VIII Tacitus, Ger-
mania (ed. J. Müller), Annales (ed. J. Müller; Horatius (ed. Huemer).

Griechische Sprache.

Grammatik: III. IV Curtius (ed. Hartel), 17. Aufl. (mit Ausschluss der früheren Auf-
lagen); V Curtius, 16. Aufl.; VI—VIII Hintner, 2. Aufl. — Übungsbücher: III, IV Schenkl,
Elementarbuch, 13. Aufl. **); V Schenkl, Elementarbuch, 12. Aufl. — Lectüre: V, VI Schenkl,
Chrestomathie aus Xenophon (V 9. Aufl.); V Homer, Ilias (ed Zechmeister-Scheindler);

*) Neben der 10 u. 11. Auflage von Hauler ist der gleichzeitige Gebrauch früherer Auflagen ausgeschlossen.
**) Neben der 13. Auflage ist der Gebrauch früherer Auflagen in derselben Classe ausgeschlossen.

VI Homer, Ilias (ed. Zechmeister-Scheindler); VI Herodot (ed. Hintner); VII Homer, Odyssee (ed. F. Cauer); Demosthenes, Olynth. I. II. III. (ed. Wotke); Über den Frieden (ed. Wotke); VIII Plato, Apologie, Kriton (ed. Christ); Laches (ed. Jahn); Sophokles, Antigone (ed. Schubert); Homer, Odyssee (ed. Wotke).

Geographie und Geschichte.

Geographie: I Umlauft, 1. Curs, 2. Aufl.; II Umlauft, 2. Curs, 2. Aufl.; III Umlauft, 2. Curs; IV Umlauft, 3. Curs. — Geschichte: II, III u. IV Hannak*); V Loserth I (5. Aufl.); VI Loserth I (3. Aufl.), 2 (2. Aufl.); VII Loserth 3 (2. Aufl.); VIII Hannak, Vaterlandskunde (8. Aufl.), Loserth I; Kozenn, Schulatlas I—VIII **); II—V Hannak-Umlauft; histor. Schulatlas; VI—VIII Jansz, histor. Schulatlas.

Mathematik.

I u. II Schram, Arithmetik; III—VIII Wallentin, Arithmetische Aufgaben; V—VIII Wallentin, Arithmetik. — I, II, III Gernerth-Wallentin, Geometrie; IV Wallentin, Räumliche Geometrie; V, VI Wapienik, Geometrie; VII, VIII Sonndorfer und Anton, Analyt. Geometrie der Ebene, 3. Aufl.

Naturgeschichte und Physik.

I Pokorny, Thierreich, 20. Aufl.; II Pokorny, Pflanzenkunde, 16. Aufl.; Pokorny, Mineralogie, 14. Aufl.; III Mach-Oatrčil, Grundriss des Naturlebens, Ausgabe f. Gymnasien; IV Krist, Physik, 17 Aufl.; IV Lielegg, Erster Unterricht in der Chemie, 3 Aufl ; V Hochstetter-Bisching, Mineralogie und Geologie. 7. Aufl.; Pokorny-Rosicky, Botanik, 2. Aufl.; VI Woldřich, Zoologie, 6. Aufl.; VII und VIII J. Wallentin, Physik, 5. Aufl.

Allgemeine Naturkunde.

VIII Hochstetter-Bisching, Mineralogie und Geologie; Pokorny-Rosicky, Botanik.

Philosophische Propädeutik.

VII Lindner, Logik, 6. Aufl.; VIII Lindner, Psychologie, 9. Aufl.

Französische Sprache.

Obligat für sogenannte „Realschüler". III Filek, Elementarbuch der franz. Sprache, 4. Aufl.; IV Filek, Schulgrammatik, 4. Aufl.; Filek, Übungsbuch, Mittelstufe, 3. Aufl.; III u. IV Filek, Chrestomathie. 4. Aufl. — Nicht obligat. V u. VI Filek, Schulgrammatik, 4. Aufl.; V Filek, Übungsbuch, Unter- und Mittelstufe; VI Filek, Übungsbuch, Oberstufe.

Englische Sprache.

VII und VIII Gesenius, Grammatik; Süpfle, Chrestomathie.

Stenographie.

Faulmann, Stenographische Anthologie.

Themen zu deutschen Aufsätzen.

V. Classe. *A.* Hausarbeiten. 1. Die Sonne bringt es an den Tag. Erzählung nach Chamisso. — 2. Tells Tod. Erzählung nach Uhland. — 3. Der Winter. Schilderung im Anschluss an Gustav Schwabs Gedicht „Der Reiter und der Bodensee". — 4. Hagen von Tronje und Hagen von Irland. Ein Vergleich. — 5. Die Gründungssage von Rom. Nach Livius. — 6. Hans Däumling. Ein Märchen. — 7. Philipp von Makedonien. Charakteristik — 8. Was der Mostbaum erzählt. — 9. Geschichte eines Silberguldens. — *B.* Schularbeiten. 10. Die Kraniche des Ibykus. Erzählung nach Schiller — 11. Wie Siegfried erschlagen ward. Erzählung aus dem Nibelungenliede. — 12. Der Löwe ist los! Erzählung. — 13. Der Ausspruch Solons, dass Niemand vor seinem Tode glücklich zu preisen sei, erläutert durch Beispiele aus der Geschichte — 14 Die Anklage wider Reineke Fuchs. Nach Goethes „Reineke Fuchs", I. Gesang. — 15 Fabel, Parabel und Paramythie. Begriffsbestimmung. — 16. Das Wasser als Freund und Feind des Menschen. — 17. Hüons Verbannung durch Karl den Großen. Erzählung nach Wielands „Oberon". *Dr. Fr. Umlauft.*

---

*) Hannak, I, 8. Aufl., II, 7. Aufl , III, 6. Aufl. Neben diesen neuen Auflagen ist der gleichzeitige Gebrauch früherer Auflagen ausgeschlossen.

**) In der I. Classe ist die Ausgabe Haardt-Umlauft 5s K. 33. Aufl. anzuschaffen.

VI. Classe. *A.* Hausarbeiten. 1. (Zur Wahl.) *a)* Goethes Vater. — *b)* Elsass und seine Bewohner. — *c)* Ein Tag aus dem Leben des jungen Goethe in Frankfurt. — *d)* Frankfurt zur Zeit des 7jährigen Krieges. — *e)* Goethes Stube im elterlichen Hause. (Nach Goethes „Aus m. Leben W. u. D.") — 2. Charakteristik Goethes. (Entworfen nach B. 1—10 s. Werkes, „Aus m. Leben W. u. D.") — 3. Charakter und Bedeutung der griechischen Geschichte. — 4. Der Helden Name ist in Erz und Marmorstein so wohl nicht aufbewahrt, als in des Dichters Liede. — 5. Beleuchtung und Widerlegung der Anschuldigung des Sokrates wegen Irreligiosität. (Nach Xenophons Mm. I. 1.) — 6. Erregt Hektor oder Achilles unser Interesse in höherem Grade? Und warum der eine oder der andere? — 7. Vorfabel von Lessings Minna v. Barnhelm. — *B.* Schularbeiten. 1. (Zur Wahl.) *a)* Welche Folgen hat es für die Gestaltung des Nibelungen-liedes, dass die Verlobung Siegfrieds mit Brunhilde, wie sie in der alten Sigurdsage angenommen ist, in jenem nicht beibehalten wurde? — *b)* Warum erschlug Hagen den Siegfried? — 2. Mit Bezugnahme auf die ins Lesebuch eingestellten Stücke ist darzuthun, wie sich nach Inhalt wie Form das mhd. Volksepos zum Kunstepos verhält. — 3. Nach kurzer Charakteristik Walthers von der Vogelweide, die an der Hand der im Leseb. S. 48—65 enthaltenen Lieder und Sprüche zu entwerfen ist, ist das Motiv zu dem Gedichte Nr. 25 anzugeben und der Gedankengang dieses Gedichtes zu entwickeln. — 4. Welche Lehren giebt uns Haller in Nr. 1—7 seines Gedichtes „Die Alpen"? — 5. Übereinstimmendes und Gegensätze zwischen Gottsched und den Schweizern in Bezug auf Stoff, Form und Inhalt der Dichtung. — 6. Überblick und Technik des Dramas „Minna von Barnhelm". — 7. Wer nicht sein eigner Freund, dein Freund kann der nicht sein; Auch der nicht, der nur ist sein eigner Freund allein. *Alois Neumann.*

VII. Classe. *A.* Hausarbeiten. 1 „Emilia Galotti" von Lessing. (Inhaltsangabe.) — 2. Was ist nach Tellheims Auffassung Ehre? — 3. (Zur Wahl.) *a)* Finden wir die That des Vaters in Lessings „Emilia Galotti" gleich nothwendig, wie bei Livius III. 44 ff.? — *b)* Wodurch unterscheidet sich Lessings „Emilia Galotti" von der Erzählung bei Livius, III. 44 ff.? — 4. Herders „Cid". (Inhaltsangabe.) — 5. (Zur Wahl.) Themata im Anschlusse an die Lectüre von Goethes „Egmont". — *a)* Einheit der Handlung in „Egmont". — *b)* Die Schicksalswendung in Goethes „Egmont". — *c)* Ist der Untergang Egmonts motiviert? — *d)* Episodisches in Goethes „Egmont". — *e)* Die dramatische Schuld in Goethes „Egmont". — *f)* Die Exposition in Goethes „Egmont". — *g)* Die Katastrophe in Goethes „Egmont". — *h)* Welche Momente verzögern, welche beschleunigen in Goethes „Egmont" die Handlung? — *i)* Bedeutung der Volksscenen in Goethes „Egmont". — *k)* Goethes „Egmont" ein . . . . . . (Bestimmung der Gattung, zu welcher Goethes „Egmont" gehört.) — *l)* Wird in Goethes „Egmont" unser Mitleid erregt und wodurch? — 6. (Zur Wahl.) *a)* War das „Übel" des Orest in Goethes „Iphigenie" Wahnsinn? — *b)* Wodurch kommt die Heilung des Orest in Goethes „Iphigenie" zu Stande? — *c)* Die Heilung des Orest in Goethes „Iphigenie", die Achse des Stückes. — *d)* Die Heilung des Orest in Goethes „Iphigenie", eine religiös-sittliche Lösung im Geiste des Christenthums. — 7. „In deiner Brust sind deines Schicksals Sterne". (Schillers „Piccolomini". II. 6.) — *B.* Schul-arbeiten. 1. Die Vorfabel von Lessings „Minna v. Barnhelm". — 2. Die Gellert'sche Fabel „der Hund" soll nach dem Lessing'schen Grundsätzen über die Fabel umgearbeitet werden. — 3. (Zur Wahl.) *a)* Was ist die Endabsicht der Komödie nach Lessing? — *b)* Was ist die Endabsicht der Tragödie nach Lessing? — *c)* Was ist die Endabsicht der Komödie und Tragödie nach Lessing? 4. Der Frühling, der Jugend Bild und des Greises Hoffnung. — 5. (Zur Wahl.) *a)* Stellung und Bedeutung des Bruders Martin in „Götz". — *b)* Bild der deutschen Zustände am Beginne der Neuzeit (nach „Götz"). — *c)* Götzens dramatische Schuld. — *d)* Charakter des Weislingen in „Götz". — *e)* Stellt Goethes „Götz von Berlichingen" eine Handlung dar? — *f)* Wie denkt sich Götz sein Verhältnis zu Kaiser und Reich? — *g)* Wird in „Götz" poetische Gerechtigkeit geübt? — 6. „Ein unnütz Leben ist ein früher Tod." (Goethes Iphigenie, I. 2.) — 7. Was ich werden möchte? *Dr. Jos. Pommer.*

VIII. Classe. *A.* Hausarbeit. 1. Der Einfluss der klimatischen Verhältnisse auf die Entwickelung der menschlichen Cultur. — 2. Zunge und Schwert. — 3. Eingeschneit! (Freie Schilderung.) — 4. Timeo lectorem unius libri. — 5. Der Wert der körperlichen Übungen. — 6. Die ethischen Grundgedanken von Sophokles „Antigone". — 7. Die Gegensätze der romanti-schen und jungdeutschen Schule. — *B.* Schularbeiten. 1. „Wer wird nicht einen Klopstock loben? Doch wird ihn jeder lesen? Nein!" — 2. Gedankengang des Monologes in Faust (II.) „Des Lebens Pulse . . ." — 3. Des Menschen Sünden schreibt er fort in Erz, Ihr edles Wirken schreiben wir in Wasser. (Shakespeare. Heinrich VIII. IV. 2.) — 4. Hauptgedanken des Lessing'schen „Laokoon". 5. Weihrauch ist ein Tribut für Götter und für die Sterblichen ein Gift. (Goethe.) — 6. Die Entwickelung der romantischen Schule. — 7. Die Schlange, die das Herz vergiftet, Die Zwietracht und Verderben stiftet, Das ist der widerspenstige Geist, Der gegen Zucht sich frech empöret, Der Ordnung heilig' Band zerreißt; Denn der ist's, der die Welt zerstöret. (Schillers „Kampf mit dem Drachen".) (Maturitätsprüfungsthema). *Dr. Jüttner.*

Themen für die schriftliche Maturitätsprüfung.

I. Aus dem Deutschen: „Die Schlange, die das Herz vergiftet, Die Zwietracht und Verderben stiftet, Das ist der widerspenstige Geist, Der gegen Zucht sich frech empöret, Der Ordnung heilig Band zerreißt: Denn der ist's, der die Welt zerstöret". Aus Schillers: „Kampf mit dem Drachen". II. a) Aus dem Lateinischen: Tacitus Historiae IV. 73. (Mox Treveros-clausumve). b) In das Latein: Ein von dem Fachlehrer zusammengesetztes Thema, welches das Lob der classischen Sprachen enthält. III. Aus dem Griechischen: Plato, Alcibiades II. c. 12 und 13 bis δίκαιος ὢν τυγχάνῃ. IV. Aus der Mathematik: 1. Man zerlege $x^6 + 1$ in vier reelle Factoren. 2. Eine Walze aus Kork, deren Quadratflächenradius 12 cm lang ist, soll der Länge nach so in der Mitte durchbohrt werden, dass, wenn in die Öffnung eine genau passende Bleiwalze gesteckt wird, der ganze Körper auf Wasser von 4° C. gerade zur Hälfte einsinkt. Man berechne den Radius der Bleiwalze (Dichte des Bleies 11·87, Dichte des Korkes 0·16). 3. Auf einer Ebene steht ein Thurm von 64 m Höhe. An der Spitze desselben ist eine Signalstange von 8·24 m Höhe angebracht. In welcher Entfernung vom Fuße des Thurmes erscheint die Stange einem Beobachter, dessen Auge sich in der erwähnten Ebene befindet, unter dem größten Gesichtswinkel? Wie groß ist dieser? 4. An die Parabel $y^2 = 6x$ werden in den Punkten P_1 (6, 6) und P_2 (150, 30) Tangenten gezogen. Man bestimme die Coordinaten des Schnittpunktes der beiden Tangenten und die Größe des Flächenstückes, welches einerseits von den beiden Tangenten, andererseits von den Parabelbogen, welcher zwischen den Berührungspunkten liegt, begrenzt wird.

Vermehrung der Lehrmittelsammlungen.

Die Direction stattet an dieser Stelle allen Gönnern und Freunden der Lehranstalt, welche sich durch Spenden verdient gemacht haben, den achtungsvollen Dank des Lehrkörpers ab.

Verzeichnis der im Schuljahr 1889/90 erworbenen Lehrmittel.

Für Geographie und Geschichte.

Custos: Professor Dr. Fr. Umlauft.

a) Geschenke von folgenden Schülern: II B Classe: R. v. Brenneis: Berghaus, die Alpenstraßen (Handkarte); E. Brezina: Stielers Handatlas, II. Aufl., Kieperts Schulatlas der alten Welt, XII. Aufl.; R. Stransky: Handkarte von Lombardo-Venetien. — IV B Classe: A. Nechuta: Hauers Geologische Karte von Österreich-Ungarn. — V. Classe: W. Pohl: 5 Silbermünzen (1 römische und 4 neuere deutsche). b) Ankäufe: C. Wolf, Imperium Romano-Germanicum (Wandkarte). — Fr. Umlauft, Wandkarte zum Studium der Geschichte der österreichisch-ungarischen Monarchie. — F. Noe, Geologische Übersichtskarte der Alpen. — Berghaus, Physikalischer Atlas, Lfg. 18 u. 19 (Forts.). — Stielers Handatlas, neue Ausgabe, Lfg. 12—23 (Forts.). — Langels Bilder zur Geschichte; Supplement: Forum Romanum. — Hölzels Geographische Charakterbilder; I. Supplement, 2 Bilder s. Textheft. — Hottenroth, Trachten der Völker, Lfg. 18 (Forts.). — Schneiders Geographischer Typenatlas. — Thiersch, Die Physiognomie des Mondes. — Petermanns Geographische Mittheilungen (Forts.). — 45 photographische Ansichten aus Böhmen, Siebenbürgen, Deutschland, England, Indien und von den Philippinen.

Für Naturgeschichte.

Custos: Professor Karl Rieck.

a) Geschenke: 1. Opal mit Dendriten vom Schüler Millemoth, V; 2. 42 Stück Mineralien vom Schüler Petraschek II B; 3. ein Tropfstein vom Schüler Saxl II B; 4. ein Magnesium-Platin-Cyanür vom Schüler Eitner I B; 5. ein Arragonit von Gießhübel vom Herrn Handelsschuldirector Engler; 6. 3 Stück Mineralien vom Schüler v. Stransky II B; 7. 165 Stück mineralogische und 40 Stück geologisch-petrographische Stücke vom k k. Hof-Mineraliencabinete; 8. ein Aloeholzstück vom Herrn Prof. Dr. J. Jüttner; 9. Trockenexemplar eines Seeteufels (Lophius piscatorius) vom Schüler Nechuta IV B; 10. Tintenfische und andere Seethiere in Weingeist vom Schüler Reuter II A; 11. ein Ameisnest mit Eiern, eine Seespinne, ein Taschenkrebs, ein Seeigel und ein kleiner Hummer vom Schüler Nechuta IV B; 12. ein exotischer Schmetterling vom Schüler Karpina V; 13. ein Wiesel vom Schüler Friedmann I. B; 14. ein Ziegenmelker vom Herrn Dr. Khautz von Eulenthal; 15. ein Auerhahn vom Herrn k. u. k. Major Freih. von Saar.

b) Ankäufe: 1. 8 mikroskopische zoologische Präparate; 2. 400 Stück Mineralienschachteln; 3. ein Menschenschädel; 4. Metamorphose des Maikäfers; 5. ein Pavian; 6. eine Meerkatze; 7. ein Edelmarder; 8. Plumatella repens; 9. Flustra foliacea; 10; Bugula neritina; 11. Catenicella plagiostoma.

Für Physik.

Custos: Professor Dr. Karl Haas.

a) Ankäufe: Photographischer Apparat mit Momentverschluss, Dunkelkammer-Lampe, Porzellan-Wannen, Retouchier-Pult, Copierrahmen und sonstigem Zubehör. 5 Platonische Ringe. Eine Streubüchse für Eisenfeilicht Thermomagnetisches Pendel nach Stefan. Ein Apparat für Kundt'sche Staubfiguren. Amyl-Acetat-Lampe von Hefner-Alteneck Interferenzröhre von Stefan. Eis-Calorimeter von Bunsen. Apparat zur Demonstration der Undurchdringlichkeit. Spectraltafeln nach Beobachtungen und Zeichnungen von Prof. Vogel. 6 Regenerativ-Trocken-Elemente nach Adler.

b) Geschenke: Apparat zur Demonstration des Doppler'schen Principes, Geschenk von Dr. K. Haas. — Geschenke von folgenden Schülern: III B. Symandl: Apparat zur Demonstration des Aufsteigens erwärmter Luft. Kreitmayer: Modell eines Wagner'schen Hammers. Stuböck, Richter: Apparate zur Demonstration des Reflexionsgesetzes. Stuböck, Richter: Modelle zur Veranschaulichung der Reflexion am Convexspiegel. Richter, Schenner, Schneid: Sextanten-Modelle. Stuböck: 9 Tabellen zur Geschichte des Thermometers. — VI. Cl. Spanraft: 9 Tafeln zur Anatomie des Gehörorganes. (Nach Helmholtz.) — VII. Cl. Damian: Objective Darstellung der Schwingungen der Telephonplatte durch König'sche Flammen. (Tafel.) Bestimmung des Elasticitäts-Coëfficienten nach der Methode von Pscheidl. (Tafel.) Damisch: Flemming Jenkins, Telpherage. (Tafel.) Eisenbahn-Inductionstelegraph von Phelps. (Tafel.) Dobrucki Anton: Bestimmung des Elasticitäts-Coëfficienten nach Wertheim. (Tafel.) Der Phonograph von Edison. (2 Tafeln.) Dobrucki August: Bestimmung des Elasticitäts-Coëfficienten nach Van S'Gravesande. (Tafel.) Doležal: Elektrischer Apparat des Zitterrochen. (Tafel.) Chladnische Klangfiguren. (Tafel.) Fuchs: Theilmaschine des Duc de Chaulnes. (Tafel.) Jedlitschka: Ampère'sche Regel in der Modification nach Mach. (Tafel.) Die Versuche von Hertz (2 Tafeln.) Klangfiguren auf Flüssigkeiten nach Melde. (5 Tafeln.) Kilies: Wellenerreger von Melde. (Tafel.) Hydrodynamische Experimente (3 Tafeln.) Bourdons Glocke. (Tafel.) Die Schwingungszahlen der C Dur-Scala von $c_{..3}$ bis h_4 nach natürlich reiner Stimmung und nach temperierter Stimmung. (2 Tabellen.) Knota: Darstellung des Fluors nach Moissan. (Tafel.) Pollatschek: der Prony'sche Zaum. (Tafel.) Poxamentier: 2 Tabellen über Elasticität und Festigkeit. Sellner: Schneeflocken. (Tafel.) — VIII. Classe. Bargetzi: Apparat von Delaroche und Berard zur Bestimmung der specifischen Wärme der Gase bei constantem Druck. (Tafel.) Singer: Isogonen-Karte.

Für Freihandzeichnen.

Custos: Professor Heinrich Mayer.

Ankäufe: M. Gerlach: „Die Pflanze in Kunst und Gewerbe" Wien. (Bilderwerk.) (Fortsetzung.)

Bibliotheks-Ausweis pro 1889/90.

Custos: Professor Ferd. Dressler.

Zuwachs der Bibliothek. Die Bibliothek wurde seit dem letzten Ausweise um 86 Bände und 322 Hefte vermehrt und zählt nach ihrem gegenwärtigen Stande 5062 Bände und beiläufig 5336 Hefte. Der bisherige Zuwachs vertheilt sich in nachfolgend verzeichneter Weise:

A. Durch Geschenke.

Geschenk der kaiserlichen Akademie der Wissenschaften. Anzeiger der kaiserlichen Akademie der Wissenschaften (phil.-hist. Classe. XXVII. Jahrg. 1889).

Geschenke der Commune Wien. Protokolle über die Verhandlungen des Wiener Gemeinderathes im Jahre 1889. — Wiener Communal-Kalender für das Jahr 1890. — Verwaltungsbericht der Stadt Wien für das Jahr 1888.

Geschenke des statistischen Departements des Wiener Magistrats. Statistische Wochen- und Monatsberichte für das Jahr 1890. — Löwy, Dr. Wilh., das Unterrichtswesen in Wien. I. Volks- und Specialschulen. — Statistisches Jahrbuch der Stadt Wien für das Jahr 1888. 6. Jahrg.

Geschenk der niederösterreichischen Handels- und Gewerbekammer. Öffentliche Verhandlungen der Handels- und Gewerbekammer für das Jahr 1890.

Geschenk der k. k. Gartenbau-Gesellschaft. Wiener illustrierte Gartenzeitung.

Geschenk des Verfassers. De Lagarde, Pauli, librorum veteris testamenti canonicorum pars prior. Graece P. d. L studio et sumptibus edita.

Geschenke des Verlegers. Wenzig, Josef. Vaterländisches Geschichtsbuch. Neue billige Ausgabe. — Bermann, Moriz, Alt-Wien in Geschichten und Sagen. 2. Aufl.

Geschenk des Herrn k. k. Hofrathes Ritter von Stransky. Die Occupation Bosniens und der Herzegowina durch die k. k. Truppen im Jahre 1878. Mit Karten und Plänen.

Geschenk des Directors Dr. Schwab. Wochenschrift des niederösterr. Gewerbevereins.

Geschenk des Herrn Prof. Dr. Umlauft. Mehrere Programme und Schriften wissenschaftlichen Inhalts.

Geschenk des Herrn Prof. Dr. Pommer. Jung, Arthur, Die pädagogische Bedeutung der Schopenhauer'schen Willenslehre.

Geschenke des Septimaners Johann Krainer. Peschka, Dr. Gustav, Kotierte Ebenen und deren Anwendung. — Bauer, Adolf, die Entstehung des herodoteischen Geschichtswerkes.

B. Durch Tausch.

201 Jahresberichte österr.-ungarischer Unterrichtsanstalten, mit denen das Mariahilfer Gymnasium die Jahresberichte tauscht.

C. Durch Ankauf.

Classische Philologie. Vergil, Aeneide. Bearbeitet von Walther Gebhardi. I.—VII. Buch. — Ribbeck, Geschichte der römischen Dichtung. II. Band. — Krieg, Grundriss der römischen Alterthümer. 3. Aufl. — Pape-Benseler, Wörterbuch der griechischen Eigennamen. 3. Aufl. — Fick, die griechischen Personennamen, nach ihrer Bedeutung erklärt. — Pollonis, C. Asinii, de bello Africano commentarius. Ed. Wölfflin et Miodoński. — Hartel, Curtius und Kägi, Demosthenes ausgewählte Reden. Erkl. von J. Sörgel. — Kluge, Zur Entstehungsgeschichte der Ilias. — Harre, Lateinische Wortkunde. — Tacitus, Germania. Erkl. von Tücking. 6. Aufl. — Gaupp und Holzer, Materialien zur Einübung der griechischen Grammatik. Mit Wörterbuch. — Bäumlein, Holzer, Rieckher, Themata zu griechischen Compositionen. 4. Aufl. — Nepos, Corn., für den Schulgebrauch erklärt von Gemß. — Kammer, ein ästhetischer Commentar zu Homers Ilias. — Nägelsbach, Lateinische Stilistik für Deutsche. 3. Aufl. — Müller, Iwan, Handbuch der classischen Alterthumswissenschaft in historischer Darstellung. (Fortsetzung.) — Reisigs Vorlesungen. 14. und 15. Lieferung. — Roscher, Ausführliches Lexikon der lateinischen und griechischen Mythologie. 15. bis 17. Lieferung.

Deutsche Sprache und Litteratur. Schrader, der Bilderschmuck der deutschen Sprache. — Reling und Bonhorst, Unsere Pflanzen nach ihren deutschen Volksnamen, ihrer Stellung in Mythologie und Volksglauben. 2. Aufl. — Bulthaupt, Dramaturgie der Classiker. 3 Bände. 3. Aufl. — Schiller und Goethe, Briefwechsel. 2 Exemplare. — Vonban-Sander, Die Sagen Vorarlbergs. 2. Aufl. — Werder, Vorlesungen über Schillers Wallenstein. — Schade, Altdeutsches Wörterbuch. 2 Bände. 2. Aufl — Eberhard, Synonymisches Wörterbuch der deutschen Sprache. 14. Aufl. — Freytag, Die Technik des Dramas. 5. Aufl. — Raimund, Ferd., Sämmtliche Werke. 3 Bände. — Appell, Werther und seine Zeit. 3. Aufl. — Goethes Werke. Herausgegeben im Auftrage der Großherzogin Sophie von Sachsen. I. 8. 10. 26. 27. III. 3. IV. 4. 5. — Grimm, Deutsches Wörterbuch. (Fortsetzung.) — Neudrucke deutscher Litteraturwerke. No. 79 - 91. — Paul, Grundriss der germanischen Philologie. I. Band, 1. bis 4. Lief. — II Band. 1. Abth., 1, 2. und 3. Lief. — II. Band, 2. Abth., 1. und 2. Lief.

Geographie und Statistik. Flammarion, L'atmosphère météorologie populaire. — Neumayr, Erdgeschichte, 2 Bände. — Topographie von Niederösterreich. (Fortsetzung.) — Die österreichisch-ungarische Monarchie in Wort und Bild. 83.—100. Lief.

Geschichte. Ihne, Römische Geschichte. 6., 7. und 8. Band. — Ranke, Weltgeschichte. 8. Theil. — Oncken, Allgemeine Geschichte in Einzeldarstellungen. 158.—176. Lief. — Schuchhardt, Schliemanns Ausgrabungen im Lichte der heutigen Wissenschaft. — Boetticher, Die Akropolis von Athen. — Boetticher, Olympia, das Fest und seine Stätte.

Naturgeschichte. Kalkowsky, Elemente der Lithologie. — Groth, Tabellarische Übersicht der Mineralien. — Baumhauer, Das Reich der Krystalle für jeden Freund der Natur. — Darwin, Francis. Leben und Briefe des Charles Darwin. 3 Bände. — Wünsche, Schulflora von Deutschland. 1. Theil. — Claus, Arbeiten im zoologischen Institut. VIII. Band. 2. und 3 Heft. — Encyklopädie der Naturwissenschaften. II. Abth., 52.—57 Lief. III. Abth.,

2

2.—4. Lief. — Hann, Hochstetter, Pokorny, Unser Wissen von der Erde. 116.—181. Lief. — Klein, Revue der Naturwissenschaften. 17. Band. — Rabenhorst, Kryptogamenflora. (Fortsetzung.)

Mathematik. Dillmann, Die Mathematik, die Fackelträgerin einer neuen Zeit. — Klimpert, Lexikon der Münzen, Maße und Gewichte. — Thomson, Popular Lectures and Adresses. — Annales de la licence ès sciences. Année 1888. — Woodward, University of London questions. — Müller, Die Elemente der Stereometrie. 2. Aufl. — Müller, Die Elemente der Planimetrie. 3. Aufl — Müller, Leitfaden der Stereometrie. 1. Theil. — Müller, Leitfaden der ebenen Geometrie. 1. Theil, 1. und 2. Heft. — Hoffmann, Vorschule der Geometrie. — Krumme, Der Unterricht in der analytischen Geometrie. — Jahrbuch über die Fortschritte in der Mathematik. (Fortsetzung.)

Physik, Chemie, Astronomie. Gretschel und Bornemann, Jahrbuch der Erfindungen. 25. Jahrgang. — Ayrton, Handbuch der praktischen Elektricität.

Philosophie und Pädagogik. Jäger, Aus der Praxis. 2 Aufl. — Rethwisch, Jahresberichte für das höhere Schulwesen III. Jahrgang. — Dazu Ergänzungsheft: Evangelische Religionslehre. — Scheffler, Die Grundlagen der Wissenschaft. — Raydt, Ein gesunder Geist in einem gesunden Körper. — Schultze, Stammbaum der Philosophie. — Eucken, Die Lebensanschauungen der großen Denker. — Koenig, Die Entwickelung des Causalproblems. II. Theil. — Jahrbuch des Vereins für wissenschaftliche Pädagogik. 21. und 22. Jahrgang.

Zeitschriften. Zeitschrift für die österreichischen Gymnasien. — Berliner Zeitschrift für das Gymnasialwesen. — Litterarisches Centralblatt. — Neue Jahrbücher für Philologie und Pädagogik. — Allgemeine Bibliographie für Deutschland. (Geschenk.) — Petermanns geographische Monatshefte. — Petermanns Mittheilungen. — Zeitschrift für das Realschulwesen. — Wiener Zeitung. — Verordnungsblatt des k. k. Ministeriums für Cultus und Unterricht. — Philosophische Wochenschrift. — Deutsche Rundschau für Geographie und Statistik. — Westermanns Monatshefte. — Poggendorfs Annalen der Chemie und Physik. — Monatshefte für Mathematik und Physik. — Illustrierte Gartenzeitung. (Geschenk.)

Übersicht über den Bestand der Bibliothek am Schlusse des Schuljahres 1889/90.

Von den oben ausgewiesenen Bänden kommen auf die Lehrerbibliothek 3572, auf die Schülerbibliothek 1490, von welchen infolge der durch Verordnung des k. k. Ministeriums für Cultus und Unterricht angeordneten Revision eine Anzahl ausgeschieden wurde. Dazu sind noch 224 Duplicatbände vorhanden.

Nach Wissenszweigen geordnet entfallen auf:

Theologie	32 Werke in	65 Bänden
Philosophie	91 „ „	116 „
Allgemeine Sprachwissenschaft	21 „ „	29 „
Classische Philologie	590 „ „	1483 „
Deutsche Sprache	326 „ „	760 „
Moderne Sprachen	71 „ „	233 „
Geschichte	194 „ „	442 „
Geographie (Statistik)	311 „ „	413 „
Mathematik	245 „ „	313 „
Physik	217 „ „	350 „
Naturgeschichte	264 „ „	364 „
Pädagogik	99 „ „	155 „
Varia	173 „ „	339 „
	2634 Werke in	5062 Bänden

Unterstützung würdiger und mittelloser Schüler.

a) Stiftungen für das Mariahilfer Gymnasium.

Die Dankbarkeit wohlhabender Eltern braver Schüler hat für manches alte und um die Erziehung der Jugend verdiente Wiener Gymnasium Stiftungen ins Leben gerufen, welche den Betheilten entweder ein- für allemal oder für eine längere Studienzeit verliehen werden. Auch das jüngere Mariahilfer Gymnasium erfreut sich bereits zweier solcher Stiftungen, der Reislin- und der Gorischek-Stiftung.

1. Emil Ritter Reislin von Sonthausen-Stiftung.

Diese Stiftung (600 fl. Silberrente) wurde im Jahre 1876 von dem damaligen Sections-Chef im k. k. Reichs-Finanzministerium, Herrn Emil Ritter Reislin-Sonthausen, nunmehr Freiherrn und k. k. Geheimrath, zum Andenken an seinen gleichnamigen, schwerkranken Sohn, welcher an diesem Gymnasium die Maturitätsprüfung als Externist ablegte, unmittelbar nach der Prüfung aber an einem Blutsturze endete, für das Mariahilfer Gymnasium gemacht. Die Interessen, welche 25 fl. 20 kr. betragen, hat stiftsbriefmäßig der jeweilige Director des Gymnasiums an einen armen und braven Abiturienten nach der Maturitätsprüfung zu vergeben. Mit denselben wurde für das Jahr 1890 der Abiturient Franz Bargetzi betheilt. (Den Stiftungsbrief s. Jahresbericht für 1876, S. 15 und 16.)

2. Schüler Karl Josef Franz Gorischek-Stiftung.

Die Veranlassung zu dieser Stiftung (2500 fl. Silberrente) bot der unerwartete Tod eines blühenden, braven, liebenswürdigen Jünglings, welcher an dieser Lehranstalt durch volle acht Jahre seinen Bildungsgang genossen hatte und schon im ersten Universitätsjahre plötzlich starb. Alles Nähere besagt der im Jahresberichte für 1886, S. 19 und 20, abgedruckte Stiftsbrief. Mit den Interessen der Stiftung, welche 105 fl. ö. W. betragen und von dem Lehrkörper der Anstalt verliehen werden, wurde für das Schuljahr 1890 der Schüler der VIII. Cl. Franz Koßmat betheilt.

b) Durch öffentliche Concursausschreibung zugängliche Stipendien.

Nachfolgende Schüler waren im Genusse eines Stipendiums:

Lauf. Nr.	Name des Schülers	Schul-classe	Name der Stiftung	Jährl. Betrag in fl. ö. W.	Datum und Zahl des Verleihungs-Decretes	Dauer des Genusses
1	Bedus Josef	VIII	Ferd. Künstler-sches Stipendium	250.—	Nied.-Öst. Statthalterei 15./4. 1888, Z. 15949	Bis z. Vollend. der Gymnasialstudien
2	Burian Johann	VIII	a) Emmerich'sch. Stipendium (Med. Fac.-Stip.)	70.—	Medicinisches Doctoren-collegium in Wien, 19./2. 1886, Z. 220	Vorläufig bis zur Vollendung der Gymnasialstudien
			b) Hengelmüller-sches Stipendium	300.—	Presbyterium der evang. Kirchengemeinde A. C. 19./9. 1889	Vorläufig für das Studien-jahr 1890
3	Heller Wolfgang	VIII	Conv.-Handstip.	300.—	Nied.-Öst. Statthalterei 9./2. 1889, Z. 55568	Bis zur Studien-vollendung
4	Keissler Karl R. von	VIII	Th. v. Kriech-baum'sches Conv.-Handstip.	300.—	Allerhöchste Entschl. 28.1. 1886, K. k. Unt.-Min. 30./1. 1886, Z. 1700	Vorläufig bis zur Vollendung der Gymnasialstudien
5	Mesk Josef	VIII	Goldberg'sches Univers.-Stip.	200.—	Akad. Sen. d. Univ. Wien 13./1. 1886, Z. 541	Bis zur Studien-vollendung
6	Mierenfeld Gust. Adolf	VIII	a) Zeppenfeld-sches Conv.-Stip.	100.—	Nied.-Öst. Statthalterei 19. 2. 1885, Z. 28	Bis zur Studien-vollendung
			b) Hengelmüller-sches Stipendium	300.—	Presbyterium der evang. Kirchengemeinde A. C. 19./9. 1889.	Vorläufig für das Studien-jahr 1890
7	Paul Hugo	VIII	Conv.-Handstip.	300.—	Nied.-Öst. Statthalterei 9./2. 1889, Z. 55568	Bis zur Studien-vollendung
8	Schibor Hans	VIII	a) Lilienburs-sches Univers.-Stip.	80.—	Akad. Sen. d. Univ. Wien 22./2. 1888, Z. 1368 Nied.-Öst. Statthalterei 26./5. 1889, Z. 30246 Cumulierung gestattet	Bis zur Studien-vollendung
			b) H. Rieß'sches Stipendium	50.—	Nied.-Öst. Statthalterei 26./5. 1889, Z. 30246	
9	Bergl Moriz	VII	Ettel Gold-schmidt'sche Stiftung	50.—	Israel. Cultusgemeinde der Stadt Wien 10./4. 1890, Z. 367	Für das Studien-jahr 1890

2*

Lauf. Nr.	Name der Schülers	Schul-classe	Name der Stiftung	Jährl. Beitrag in fl. ö.W.	Datum und Zahl des Verleihungs-Decretes	Dauer des Genusses
10	Dobracki August R. v. Dobraty	VII	Löwenburg'schen Conv.-Handstip.	300.—	Allerh. Entschl. v. 20./4. 1889, K. k. Unt.-Min. 1./5. 1889, Z. 7923	Vorläufig bis zur Vollendung der Gymnasialstudien
11	Doležal Karl	VII	a) Weiß'sches Familien-Stip. b) Raph. v. Nitschen'sches Stipendium	70.— 60.—	Nied.-Öst. Statthalterei 8. 2. 1888, Z. 65931 Nied.-Öst. Statthalterei 25./4. 1890, Z. 14701 Cumulierung gestattet Nied.-Öst. Statthalterei 22. 5. 1890, Z. 14701	Bis zur Studienvollendung
12	Knotz Julius	VII	Hofsängerknaben-Stipendium	157.50	K. k. Minist. f. Cult. u. Unt. 18. 1. 1888, Z. 25504	Bis zur Studienvollendung
13	Krainer Johann	VII	Zwerger'sches Univers.-Stip.	70.—	Akad. Sen. d. Univ. Wien 6. 3. 1890	Auf die Dauer von 6 Jahren
14	Schindler Max	VII	A. Nowotny'sche Studentenstiftung (Familien-Stip.) Platz Nr. 2	300.—	K. k. Statthalt. in Prag 8. 12. 1885, Z. 91453	Bis zur Studienvollendung
15	Weninger Richard	VII	Ferdinand'sches Univers.-Stip.	60.—	Akad. Sen. d. Univ. Wien 30./1. 1887	Bis zur Studienvollendung
16	Leniček Richard	VI	Krakowitzer'sches Stip., Platz Nr. 2	52.50	Nied.-Öst. Statthalterei 16./1. 1885 Z. 29	Bis zur Studienvollendung
17	Pohl Theodor	VI	a) Dr. Plöckner'sches Stip. b) J. Scheiner'sches Univ.-Stip.	25.— 46.—	Nied.-Öst. Statthalterei 13./12. 1888, Z. 65308 Akad. Sen. d. Univ. Wien 14. 5. 1890, Z. 1969 Cumulierung gestattet Nied.-Öst. Statthalterei 3. 5. 1890, Z. 26233	Bis zur Studienvollendung
18	Illič Peter	V	Molitor'sches Univ.-Stip.	52.50	Akad. Sen. d. Univ. Wien 24./1. 1890	Auf die Dauer von 5 Jahren
19	Kaiser Philipp	V	Conv.-Handstip.	300.—	Nied.-Öst. Statthalterei 9./2. 1889, Z. 55568	Bis zur Studienvollendung
20	Werner Karl	V	F. Smetana'sches Stipendium	50.—	K. k. Statthalt. in Prag 3./2. 1887, Z. 38456	Bis zur Studienvollendung
21	Gasteiner Paul	IV A	Pyhr'sches Sem.-Stip.	175.—	Stadtrath Freiburg (Baden) 23./5. 1888, Z. 3520 Nied.-Öst. Statthalterei 13./7. 1888, Z. 30097	Zunächst bis zur Vollendung der Gymnasialstudien
22	Schnitt Hermann	IV B	Stein'sches Conv.-Handstip.	200.—	Nied.-Öst. Statthalterei 2. 5. 1887, Z. 22442	Bis zur Studienvollendung
23	Stephan Emil	IV B	Kolb'sches Stip.	20.—	Nied.-Öst. Statthalterei 19. 2. 1889, Z. 2075	Bis zur Studienvollendung
24	Raabe Franz	II A	Ferdinand'sches Univ.-Stip.	60.—	Akad. Sen. d. Univ. Wien 24./1. 1890, Z. 11890	Bis zur Studienvollendung
25	Mühlbauer Alfred	I B	J. Krakowitz-sches Stipendium	52.50	Nied.-Öst. Statthalterei 3./2. 1890, Z. 2239	Bis zur Studienvollendung

Im I. Semester genoss noch ein Schüler ein Universitäts-Stipendium im Betrage von 90 fl. jährlich.

Es befanden sich also — mit Einrechnung der zwei für das Mariahilfer Gymnasium bestehenden Stiftungen — 27 Stipendisten im Besitze von 32 Stiftungen im Gesammtbetrage von 4526 fl. 20 kr.

c) Anderweitige Unterstützungen.

Außer den oben angeführten Stipendien und Stiftungen werden einzelnen Schülern manchmal noch andere Unterstützungen zu theil, welche nicht den Charakter eines der staatlichen Aufsicht unterliegenden „Stipendiums" an sich tragen. Dahin gehören beispielsweise eigentliche Armenstiftungen, z. B. die Freiherr Vichter von Wissend'schen Stiftungen, die Rothschild'schen Waisenstiftungen für nach Wien zuständige Waisen, dann die Pfründen städtischer Waisen, welche Schulen besuchen. Noch andere werden von Vereinen und Corporationen an Söhne von deren Mitgliedern vergeben (z. B. von dem Beamtenvereine, von Eisenbahnverwaltungen).

Der Verein „Ferienhort" hat einem Schüler der VIII. und einem Schüler der VII. Cl. die Aufnahme in den „Ferienhort" Steg bei Goisern (Salzkammergut) gewährt.

Eine evangelische Dame übergab dem Director den Betrag von 10 fl., eine andere (in Monatraten) den Betrag von 60 fl. zur Unterstützung eines von ihnen bezeichneten armen Glaubensgenossen.

d) Verwaltung der Schülerlade 1889/90.

(Bericht des Verwalters.)

Einnahmen.

fl. kr.

Cassarest vom Vorjahre oder Saldo für Soll	96.59
Von Herrn Kohlenbergwerksbesitzer D. Berl	120.—
„ Dr. X. 2 österreichische Ducaten (mit dem Motto: „Aus Anlass meines ersten Erfolges in der Öffentlichkeit in dankbarer Erinnerung an meine Lehrer"), d. i.	11.12
Rappaport Richard, Gymnasiasten in Prag	5.—
Durch die Direction der Anstalt	—.76
Vom Director der Anstalt	13.80
Von einem Mitgliede des Lehrkörpers	6.—
Durch Taxen für Zeugnis-Duplicate	12.—
„ Sammlungen in Cl. I B, III B und IV A	2 97
„ Fund im Gymnasialgebäude	—.20
Ergebnis der sogen. Weihnachtssammlung	343 11
Gesammteinnahmen der am 31 Mai abgehaltenen Akademie *)	145.—
November- und Mai-Coupon der Staatsschuldverschreibung (Nr. 256.154) à 2 fl. 10 kr., zusammen	4.20
Jänner- und Juli-Coupon des Donauregulierungs-Loses (Nr. 48044) à 2 fl. 50 kr., zusammen	5.—
Summe	765.75

Ausgaben.

fl. kr.

Bare Unterstützungen	310.—
Für zwei bedürftige Schüler Schulgeldbeiträge	32 —
Aufnahmstaxe und Lehrmittelbeitrag für einen unbemittelten Schüler	4.—
Zeichenrequisiten für arme Schüler im Betrage von	8.—
Einlagen in die Sparcasse	250.—
Beitrag zur Miete des sogen. Hauselaviers	25.—
Spesen der Akademie **)	22 50
Buchhändlerrechnung bei Hölder	72.52
Summe	724.02

Aus der Gegenüberstellung der Einnahmen von	765.75
und der Ausgaben von	724.02
ergibt sich als barer Cassebestand	41.73

---

*) In dieser Summe ist enthalten: das Erträgnis der Generalprobe (10 fl.); des Vorverkaufs durch Schuldiener Wallisch (37 fl., worunter eine Überzahlung von Scheid aus Cl. I A (1 fl. 50 kr.); der Tagescassa (63 fl.); — worunter Überzahlungen von Herrn Prof. Horn (4 fl.), Frau v. Urill (3 fl.), von Herrn Prof. Wasbistl (4 fl.), Herrn Grünholz (1 fl.), Frau Edle v. Taczebula (50 kr.), Herrn stud. Claudy (30 kr.), Herrn Murauf (50 kr.), von Boneräk Cl. I A (1 fl. 50 kr.), Fröhlich Cl. VIII (1 fl.), Paul Cl. VIII (90 kr.) und mehreren Ungenannten (zusammen 1 fl. 80 kr.) — und der Spenden aus Anlass der Akademie (35 fl.), u. zw. je 5 fl. von Frau Baronin Haar, Frau Lewitus Edle von, den Herren Hofrath Stransky, Lencken, Hetzer und Kulisch; 3 fl. von Herrn Pohl; je 1 fl. von Prof. Dressler und Schüler Petschacher.

**) Auch in diesem Jahre verrichtete Herr Clavierfabrikant Czapka auf Kosten der Transportkosten des für die Akademie zur Verfügung gestellten Concertflügels, wofür höflichst gedankt wird.

Der wirkliche Besitz der Schülerlade besteht demnach:
1. in capitalisierten . . . . fl. 5068.93
   u. zw. erliegen in Sparcassebuch Nr. 337.811 (incl. Zinsen bis 1. Juli l. J.)
   4570 fl. 32 kr., und in Sparcassebuch Nr. 417.659 (incl. Zinsen bis 1. Juli l. J.)
   498 fl. 61 kr
2. in dem Donauregulierungs-Lose Nr. 48.044 zum Ankaufe von . . . . „ 115.10
3. in der Staatsschuldverschreibung vom 1. November 1868 Nr. 256.134 (geschenkt
   von Herrn Eißler) per . . . . „ 100.—
4. in der feuerfesten Cassa Nr. 14.008 im Werte von . . . . „ 190.—
   wozu noch hinzukommt der Cassebestand von . . . . „ 41.73

Das unter den Einnahmen aufgeführte Ertrágnis der Weihnachtssammlung kam
folgendermaßen zustande. Es spendetenin:

Classe I A. 10 fl.: Adensamer; 3 fl.: Scheid; 2 fl.: Grill; je 1 fl.: Bonczák, Böhm,
Curjel, Esterle, Fischer Stephan, Grünberger, Haas Friedrich, Hartmann, Pobuda,
Plate, Petschacher, Stejskal, Tomberger, Tschebulz, Wolf; 60 kr.: Blumauer;
je 50 kr.: Adler, Duschak, Engländer, Feigl, Forster, Friedrich, Großmann,
Haas Franz, Hamza, Löschner, Melzer, Rehberger, Stanglica, Steinbruch, Zeitl-
berger; 40 kr.: Weiß; 30 kr : Czeija; 1 fl. 29 kr.: durch zwei Sammlungen;
6 kr.: durch Fund in der Anstalt, zusammen . . . . fl. 41.15
Classe I B. Je 5 fl.: Friedmann, v. Seutter; 3 fl.: Leutter; je 2 fl.: Klieba, Marolly,
Pollak, Wallascheck; je 1 fl.: Eitner, Kolař, Kraupner, Orleth, Politzer, v. Saar,
Salsborn, Sawicki, Schilk, v. Stepski, Tauber, Walker; 70 kr.: Karpeles; je 50 kr.:
Baumann, Killinger, Liebl, Offer, Panowitz, Pohl, Reiß, Schmerka, Schug, Schicke;
4 fl. 54 kr.: durch eine Sammlung, zusammen . . . . „ 43.24
Classe II A. 8 fl.: Friedmann; 6 fl.: Heim Victor; je 5 fl.: Adensamer, Bachmann,
Damian, Kalous; je 3 fl.: Dimitz, Hassinger; je 2 fl.: Fritsch, Janowitzer, Kniep;
je 1 fl. 50 kr.: Anderle, Fränkl; je 1 fl.: Biberle, Braun, Eidenböck, Heim Georg,
Jäger, Karl, Klein, Martina, Mellich, Reuter, Tunner; 50 kr.: Vierthaler, zusammen „ 60.50
Classe II B. Je 3 fl.: Petraschek, Stransky; je 2 fl.: Dautwitz, Schmidt; 1 fl. 50 kr.:
Wunderer; je 1 fl.: Beringer, Brauneis, Brezina, Epstein, Herrmann, Löwenbein,
Mautner Max, Schacherl, Steinbruch, Willig, Winkler, Streitenfels; 60 kr.: Winter;
je 50 kr.: Jung, Löwy, Mras, Neumann, Seifert, Spitz, Srpek, Volk; 40 kr.:
Zuckermandel; 30 kr.: Zeckendorf, zusammen . . . . „ 28.80
Classe III A. Je 10 fl.: Ellissen, Hetzer; 3 fl.: Kniep; je 2 fl.: Grundemann, Köller;
je 1 fl.: Köhler, Bauer, Celinić, Deutsch, Hollnsteiner, Karplus, Köhler Erwin,
Kőrösi, Lichtblau, Marek, Plate, Wurscher; 80 kr.: Kaiser, zusammen . . . . . „ 39.80
Classe III B. Je 2 fl.: Hoffer, Lötsch, Pollack, Polland; je 1 fl.: Hruschka, Nechuta,
Rechnitzer, Schindler Alf., Widl, Essigmann; 90 kr.: Metz; je 50 kr.: Löschner,
Richter, Seidl, Sonnleithner, Stuböck, Wieliczker; durch eine Sammlung 92 kr.,
zusammen . . . . „ 18.82
Classe IV A. Je 3 fl.: Fleckles, Gärber; je 2 fl.: Günther, Hohenbruck; je 1 fl.:
Bilger, Cohn, Janowitzer, Jarmuth, Kessler, Khautz, Klemperer; je 50 kr.: Bondi,
Fürstenthal, Gruber, Grünholz, Krzeminski, zusammen . . . . „ 19.50
Classe IV B. 10 fl.: Wahliß; 2 fl.: Marolly; je 1 fl.: Bauer, Epstein, Modes, Nechuta,
Pollak Arthur, Schneeweiß, Schnitt; 80 kr.: Schachner; je 50 kr.: Reiß, Reuter,
zusammen . . . . „ 20.80
Classe V. Je 2 fl.: Eckstein, Lang, Pollak; je 1 fl.: Lipscher, Pohl, Stößl; je 50 kr.:
Lenz, Trandstetter; 4 fl.: durch Sammlung, zusammen . . . . „ 14.—
Classe VI. Je 2 fl.: Kronawetter, Löw; je 1 fl.: Dattler, Eisenmenger, Häbscher,
Janowitzer, Lichtblau, Nowotny, Schneeweiß, Schram, Spanraft, Winkler, Witz;
je 50 kr.: Buček, Fastenbauer, Turner, Ulzer, zusammen . . . . „ 17.—
Classe VII. Je 2 fl.: Damian, Fuchs, Grünbaum; je 1 fl : Albrecht, Bockhorn,
Foges, Proksch, Stromayr, zusammen . . . . „ 11.—
Classe VIII. Je 5 fl.: Hlawatsch, v. Seutter; je 3 fl.: Fröhlich, Leschen; je 2 fl.:
Kuschel, Melzer, Pollak; je 1 fl.: Eichberg, Klekler, Litschke, Luithlen, Paul,
Vinciguerra; 50 kr.: Kohn, zusammen . . . . „ 28.50

Summe . fl. 343.11

Außerdem spendeten die verehrlichen Verlagsbuchhandlungen Gerold, Hölder und
Tempsky mehrere, in ihrem Verlage neu erschienene Schulbücher, desgleichen schenkten die
Schüler Baron Saar aus I B und Krix Adolf, im Vorjahre Schüler der V. Cl., eine stattliche
Anzahl bereits gebrauchter Bücher.

Für alle diese Spenden sei im Namen der unbemittelten und armen Studierenden der
wärmste Dank durch die unterzeichnete Verwaltung hiemit ausgesprochen. *Dr. Fr. Strauch.*

Die Direction dankt an dieser Stelle auf das ehrfurchtsvollste Seiner Excellenz dem k. k. Statthalter von Niederösterreich Erich Grafen Kielmansegg, dem hohen akademischen Senate der k. k. Universität Wien, dem löblichen Presbyterium der evangelischen Kirchengemeinde A. C., dem löblichen Vorstande der israelitischen Cultusgemeinde in Wien, sowie den Präsentanten von Stipendien für die Verleihung von Stipendien und Stiftungen an Schüler dieser Lehranstalt. Sie dankt ferner auf das wärmste dem löblichen Gemeinderathe der Stadt Wien für die Verleihung zahlreicher Schulgeldbefreiungen an würdige Schüler, endlich dem Vereine „Ferienhort" für bedürftige Gymnasialschüler in Wien für die Aufnahme von Schülern dieser Anstalt in den „Ferienhort", sowie allen Körperschaften und Einzelpersonen, welche brave Schüler unserer Anstalt in irgend einer Weise unterstützt und gefördert haben.

Chronik und Statistik.

a) Allgemeine Übersicht.

Das Schuljahr wurde am 18. September mit dem h. Geistamte eröffnet. Aus Anlass der vorangegangenen Influenza-Epidemie wurde über Anordnung des h. k. k. Landesschulrathes das erste Semester erst am 22. Februar beendigt, das zweite Semester aber sofort am 24. Februar begonnen. Über Anordnung des h. k. k. Landesschulrathes wurden ferner 1 Tag nach den Oster- und 1 Tag vor den Pfingstferien, sowie jene zwei Tage, welche die Directionen freigeben dürfen, zu Schultagen. Das Schuljahr wurde mit dem 8. Juli geschlossen, da am 9. die mündlichen Maturitätsprüfungen begannen.

Die vorgeschriebenen religiösen Übungen der katholischen Schüler wurden genau eingehalten.

b) Der Lehrkörper.

In den Status der definitiven Professoren trat zu Anfang des Schuljahres der durch zehn Jahre an dieser Anstalt als Supplent erprobte Herr Dr. Karl Haas, welcher an Stelle des vor einem Jahre zum Director der städt. Communalschule im I. Bezirke ernannten Professors Dr. Franz Wallentin ernannt wurde. (G.-R.-B. vom 5. September 1889, Z. 294.264.)

Von den Supplenten trat Herr Dr. Andreas Washietl aus, welcher eine an der Schwesteranstalt erledigte definitive Lehrerstelle erhielt. Dr. Washietl hat sich an dieser Anstalt durch 4 Jahre als eine sehr verwendbare, gewissenhafte und sehr eifrige Lehrkraft erwiesen. An seine Stelle trat Herr August Burkart, welcher bis dahin an der Schwesteranstalt bedienstet war.

Von den Nebenlehrern starb Herr Ralph Lewis, welcher durch 20 Jahre als Lehrer des Englischen in eifriger und anregender Weise an der Anstalt gewirkt hatte, an Diabetes den 29. October 1889. Mit Dank muss constatiert werden, dass der löbliche Gemeinderath der Witwe desselben, welche nach den bestehenden Normen nicht pensionsberechtigt ist, eine Gnadengabe bewilligt hat. — Die Stelle eines Lehrers für englische Sprache wurde im abgelaufenen Schuljahre nicht besetzt.

Von den Probecandidaten des Jahres 1889 trat Dr. Otto Kleiber nach dem Schlusse des I. Semesters aus. Dagegen traten im I. Semester ein: die Herren Johann Czerny, geprüft für Geographie und Geschichte (L.-Sch.-R. 16. October 1889, Z. 7713) und Dr. Rudolf Weiß, geprüft für classische Philologie (O.-G.) und deutsche Sprache (U.-G.) (L.-Sch.-R. 30. October 1889, Z. 9007); ferner im II. Semester Herr Dr. August Haberda geprüft für classische Philologie (O.-G.) und deutsche Sprache (U.-G.) (L.-Sch.-R. 15. März 1890, Z. 1714).

Das abgelaufene Schuljahr brachte keine nennenswerthen Störungen im Unterrichte durch Erkrankungen von Mitgliedern des Lehrkörpers, abgerechnet die Erkrankung des Professors Jos. Schram an einem Kehlkopfkatarrh, welche eine Entlastung von Unterrichtsstunden desselben nothwendig machte. Zu diesem Zwecke übernahm der Supplent Herr Josef Kessler vom 16. April an bis zum Schlusse des Schuljahres den Unterricht in der Mathematik in der V. Classe.

c) Die Schüler.

In dem abgelaufenen Schuljahre war das Mariahilfer Gymnasium eines der besuchtesten unter den 12 Wiener Gymnasien. Von den auswärtigen deutschen Gymnasien des österreichischen Staates hatten nur die Staatsgymnasien in Czernowitz und Linz, dann das erste Staatsgymnasium in Graz, das Gymnasium auf der Neustadt in Prag und das deutsche Staatsgymnasium in Lemberg mehr Schüler als das Mariahilfer.

Die Haltung und Verwendung der überwiegenden Mehrzahl der Schüler war befriedigend.

Bei den Erkrankungen der eigenen Schüler der Anstalt und den Erkrankungen der Hausgenossen an übertragbaren Krankheiten müssen zunächst die Masern genannt werden. Die Lehranstalt verlor im abgelaufenen Jahre einen sehr gesitteten und willigen Schüler durch den Tod des Erwin Bernat (V. Classe), welcher nach längerem Krankenlager am 28. Februar an Lungentuberculose starb.

Die schriftlichen Maturitätsprüfungen fanden vom 19. bis incl. 25. Mai statt. Die mündlichen Prüfungen sollen unter dem Vorsitze des k. k. Gymnasialdirectors Herrn Anton Fleischmann vom 9. bis 16. Juli abgehalten werden. In der statistischen Übersicht (S. 30) ist ersichtlich gemacht, welche Standeswahl die Abiturienten dieses Jahres zu treffen gedenken.

Das Resultat der vorjährigen Maturitätsprüfung ist auf Seite 82—83 abgedruckt.

d) Bemerkenswerte Momente aus dem Schulleben.

Der 4. October wurde als der Namenstag Sr. Majestät des Kaisers, der 19. November als der Namenstag Ihrer Majestät der Kaiserin mit einer kirchlichen Feierlichkeit begangen.

Wie seit Jahren, wurde auch in dem abgelaufenen Schuljahre mit Genehmigung des k. k. Landesschulrathes eine Schülerakademie zum Besten unserer Schülerlade abgehalten.

Programm der Schülerakademie vom 31. Mai 1890.

I. Abtheilung. 1. Hirtenchor aus „Rosamunde". Von Fr. Schubert. — 2. Declamation. a) Scene zwischen Horribiliscribifax und Daradidatamtarides. Aus „Horribiliscribifax" von Andr. Gryphius. Stuböck und Schenner (III B); b) „Schön Ellen". Fürstenthal (IV A) — 3. Streichquartett. Von Beethoven. Eichberg (VIII). Buček, Schubert (VI), Riedl. — 4. Declamation. „An unsere Sprache". Von Felix Dahn. Bargetzi (VIII). — 5. Valse caprice. Von Brühl. Melzer (VIII). — 6. „Abschiedslied der Zugvögel". Chor von Mendelssohn. — 7. „Das Gefecht vor Neustadt". Aus „Wallensteins Tod" von Friedr. Schiller. Hufnagel (V). — 8. a) Legende. „Der h. Franciscus von Paula auf den Wogen schreitend". Von Liszt. b) „Hochzeitsmarsch und Elfenreigen". Von Mendelssohn-Liszt. Possamentir (VII). — 9. „Grüner Frühling kehr' ein!" Chor von H. Esser.

II. Abtheilung. 1. „Sturmbeschwörung". Chor von Dürrner. — 2. Declamation. a) „Der Sänger Meister". Von E. A. Brachvogel. Pohl (V). b) „Warum nich?". Von Elise Henle. Heller (VIII). — 3. „Faust-Phantasie". Von Sarasate. Violine: Grünholz (IV A). — 4. Declamation. „Zum Jubelfeste des Erzherzogs Karl". Von Nikolaus Lenau. Lasser (VI). — 5. „Impromptu". Von Chopin. Pollak (IV B). — 6. Declamation. „Die Schlacht von Salamis". Bericht des Boten aus „Die Perser" von Aischylos. Fröblich (VIII). — 7. „Frühlingspolka". Chor von Zedtler.

Als Mitglieder der städtischen Mittelschuldeputation wirkten für diese Anstalt im abgelaufenen Schuljahre die Herren Gemeinderäthe Dr. Ferdinand Hackenberg, Hof- und Gerichtsadvocat, Dr. Ludwig Josef Huber, Hof- und Gerichtsadvocat, und Dr. Ludwig Vogler, Hof- und Gerichtsadvocat. Herr Dr. Vogler beehrte die Anstalt am 12. October mit seinem Besuche und wohnte dem Unterrichte in 3 Classen mit großem Interesse bei.

Wie in den letzten 3 Jahren, wurde auch im abgelaufenen Schuljahre der katholische Religionsunterricht von dem hochw. Herrn Prälaten Dr. Laurenz Mayer, Hof- und Burgpfarrer, inspiciert, der evangelische Religionsunterricht von dem designierten Consenior und evangelischen Pfarrer A. C. Herrn Dr. Paul Zimmermann und der israelitische Religionsunterricht wie seither regelmäßig von dem em. Professor Herrn Dr. Gerson Wolf.

e) Die Zeit der Influenza-Epidemie.

Die erste durch eine Seuche hervorgerufene Störung des Unterrichtes erlitt die Anstalt nach 25jährigem Bestande zu Ende des Jahres 1889 und zu Anfange des laufenden Jahres durch den Ausbruch einer Influenza-Epidemie.

In den drei ersten Decembertagen des Jahres 1889 war Wien und seine Umgebung der Mittelpunkt eines sehr heftigen Schneesturmes. Einen ganzen Monat hindurch wurden die riesigen Schneemassen weder von einem Thauwinde noch von einem Sonnenstrahl getroffen, ja bis zum 9. Jänner lagerte über Stadt und Umgebung eine unbewegliche, graue Nebel- und Wolkenhülle, welche die Rauch-, Ruß- und Gasmassen der vielen Schornsteine gewaltsam niederhielt. Nahezu fünf Wochen athmeten die Bewohner nur eine fast unbewegte, mit kaltem Schneedunst, der sich oft zu schweren Nebeln verdichtete, übersättigte und durch die verschiedenen Ausdünstungsproducte im höchsten Grade verschlechterte Luft.

Die Erkrankungen mehrten sich daher im December allmählich unter den Schülern. Seit Mitte December steigerte sich in einzelnen Classen der Krankenstand zusehends. Der erste Fall von „Influenza" wurde jedoch erst am 18. December unter den Schülern constatiert, von welchem Tage an der Krankenstand förmlich emporschnellte, so dass am 19. December 83, am 20. bereits 102, am 21. schon 108 und Montag den 28., d. i. unmittelbar vor den Weihnachtsferien, sogar 125 Schüler fehlten. Die Schule wusste in den weitaus meisten Fällen nicht die Ursache der Erkrankung, doch war auffallend, dass manche Schüler nach 1-, 2- bis 3 tägigem „Unwohlsein" wieder in die Schule zurückkehrten.

Der k. k. Landesschulrath schloss, angesichts der in den Weihnachtstagen immer mehr um sich greifenden und nicht selten zu einem tödtlichen Ausgange führenden Epidemie, alle Schulen im Polizei-Rayon Wiens bis zum 7. Jänner (Erlass vom 30. December 1889, Z. 10647) und dehnte, weil die Seuche in der Zwischenzeit nicht abgenommen hatte, diese Maßregel bis zum 13. Jänner aus, so dass durch diese Schließung an den Mittelschulen 8 Schultage ausfielen, von denen jedoch durch eine nachträgliche Verordnung 6 wieder eingebracht wurden.

Als seit dem 9. Jänner normale Witterungsverhältnisse zurückkehrten und unsere Schule am 13. Jänner wieder geöffnet wurde, fehlten nur mehr 20 Schüler. Eine eingehende Erhebung in den einzelnen Classen ergab, dass theils infolge der überaus ungesunden Witterungsverhältnisse, theils infolge des Auftretens der „russischen Krankheit" eine große Anzahl Schüler längere oder kürzere Zeit erkrankt war, u. zw. theils vor der Schließung der Schulen, theils während der Zeit, wo diese geschlossen waren. Die Erkrankungen waren der Art und dem Grade nach höchst verschieden. Im Ganzen waren bis zum Erlöschen der Epidemie mehr als 250 Schüler der Anstalt erkrankt, u. zw. theils unter solchen Erscheinungen, welche zu den Merkmalen der „Influenza" gezählt werden, theils an katarrhalischen Zuständen. Die Erkrankungen waren indessen keineswegs durchaus oder ausschließlich auf die herrschende Seuche, sondern zum Theil auf die höchst ungesunden Witterungsverhältnisse zurückzuführen, und es giengen unter den Schülern auch andere Krankheiten neben den oben genannten einher. Ein Todesfall war nicht vorgekommen, wohl aber kamen mehrere schwerere Erkrankungen als Folge der Influenza vor, zumeist Lungenentzündungen; zahlreicher als ernstere waren leichtere Erkrankungen, u. zw. traten die ersteren zumeist unter den Schülern der oberen Classen auf, während die Knaben der unteren Classen gewöhnlich nur wenige Tage sehr unwohl waren und häufig nicht eines Arztes bedurften.

Der Lehrkörper leistete der Erkrankung möglichst Widerstand. Vor Weihnachten erkrankten jedoch 2, nach denselben noch 5 andere Mitglieder des Lehrkörpers an Influenza. Alle 7 Erkrankten waren aber bei Wiedereröffnung der Anstalt wieder genesen.

Das Schließen der Anstalt in der gefährlichsten Zeit hat sich also mit Rücksicht auf Schüler und Lehrer als eine zweckmäßige Maßregel herausgestellt.

f) Das Schulhaus und seine Umgebung.

Der löbliche Gemeinderath ließ seit Mitte März des Jahres 1890 auf dem letzten leeren Bauplatze vor der Markthalle den Grund zu einem stattlichen Gemeindehause ausheben, welches sich in diesem Augenblicke als Rohbau bereits der Dachgleiche nähert. In den letzten 3 Jahren sind gegenüber dem Schulhause und zu beiden Seiten desselben 16 Häuser entstanden. Alle diese Neubauten sind hoch, ansehnlich, geschmackvoll und zum Theil reich ausgeführt, so dass das Schulhaus jetzt wie in einen völlig neuen Stadttheil gestellt ist und sich durch Lage und Umgebung noch mehr auszeichnet als vorher.

Verfügungen von allgemeinem Interesse.

Gemeinderath vom 10. October 1889 bestimmt, 1. dass von der Auflassung der Parallelclassen an den städtischen Mittelschulen dermal Abstand genommen, 2. die Entlohnung der Nebenlehrer mit jährlich 70 fl. für Wochenstunde und Jahr festgesetzt, und 3. die Lehrmitteldotation für jede communale Mittelschule auf den Jahresbeitrag von 1000 fl. herabgesetzt werde.

K. k. Unterr.-Ministerium, Erlass vom 16. December 1889, womit auf Grund der Allerhöchsten Entschließung vom 8. December 1889 eine neue pharmaceutische Studien- und Prüfungsordnung eingeführt wird. (Fortan ist die erfolgreiche Zurücklegung der sechsten Classe eines Gymnasiums oder einer Realschule — in letzterem Falle jedoch mit einem Zeugnisse über die an einem öffentlichen Gymnasium abgelegte Prüfung aus der lateinischen Sprache im Umfange der Forderungen der ersten sechs Gymnasialclassen — zum Eintritte in die Pharmacie gefordert.)

K. k. Landesschulrath, Jänner 1890, Z. 10.647 verlängert zweimal die Weihnachtsferien aus Anlass der Influenza. Um die dadurch herbeigeführte Schädigung im Unterrichte zu beseitigen, werden die in den Rest des Schuljahres fallenden Ferien eingeschränkt. (12. Jänner 1890.) (S. Chronik „Allgemeines".)

Landesschulrath vom 7. Jänner 1890 nimmt die Schlussacten über das Schuljahr 1888, welche den Pflichteifer und pädagogischen Takt des Lehrkörpers beweisen, mit Befriedigung zur Kenntnis.

K. k. Unterr.-Ministerium, Erlass vom 14. Jänner 1890, Z. 370, betreffend den Lehrplan der deutschen Sprache als Unterrichtssprache an Gymnasien, womit der Unterricht im Mittelhochdeutschen an den meisten Gymnasien mit deutscher Unterrichtssprache wieder obligat eingeführt und der grammatische Unterricht in der 5. und 6. Classe wieder eingeschränkt wird.

K. k. Landesschulrath vom 18. Februar 1890, Z. 596 erlässt Instructionen zur Durchführung der Ministerial-Verordnung vom 14. Jänner 1890 bezüglich einiger Änderungen des Unterrichtes in der deutschen Sprache im Obergymnasium.

Gemeinderath nimmt zufolge Beschlusses vom 16. Jänner 1890, Z. 8509 den fünfundzwanzigsten Jahresbericht der Anstalt (für das Schuljahr 1889) mit Befriedigung zur Kenntnis.

K. k. Unterr-Ministerium, Erlass vom 8. April 1890, Z. 6929, womit bestimmt wird, dass 1. die schriftlichen Maturitätsprüfungen an allen Mittelschulen je eines Landes gleichzeitig zu beginnen, 2 während der 6 Wochentage vor der mündlichen Maturitätsprüfung die Abiturienten keinerlei Unterricht zu erhalten haben.

Gemeinderath vom 30. Mai 1890, Z. 1407 bestimmt, dass die Zahl der wöchentlichen Lehrstunden für den evangelischen Religionsunterricht am Mariahilfer Gymnasium vom Schuljahre 1891 an von 4 auf 6 erhöht werde.

Statistische Übersicht.

A Lehrpersonale	geistlich	weltlich	
Director .	—	1	
Professoren .	1	15	Zusammen
Supplenten .	—	6	
„Hilfslehrer" . .	2	—	
„Nebenlehrer"	—	6	
Probe-Candidaten . . .	—	4	
Zusammen	3	32	35

B. Schüler	Ia	Ib	IIa	IIb	IIIa	IIIb	IVa	IVb	V	VI	VII	VIII	Summe
1. Zahl.													
Zu Ende 1888/89	43	51	40	39	44	46	23	29	44	37	40	18	459
Zu Anfang 1889/90	54	53	42	46	42	41	33	35	27	37	34	39	483
Während des Schuljahres eingetreten	1	—	1	1	1	—	—	—	—	—	1	—	5
Im Ganzen also aufgenommen	55	53	43	47	43	41	33	35	27	37	35	39	488
Darunter:													
a) Neuaufgenommen u. zw:													
aufgestiegen	50	46	4	4	—	2	2	—	1	1	2	1	113
Repetenten	—	—	—	—	1	1	—	—	—	1	1	—	4
b) Wiederaufgenommen u. zw.:													
aufgestiegen	—	—	36	38	36	29	31	35	24	30	32	38	329
Repetenten	5	7	3	5	6	9	—	—	2	5	—	—	42
Während des Schuljahres ausgetreten	4	4	5	3	7	1	—	1	1	1	1	1	29
Schülerzahl zu Ende 1890	51	50	38	44	36	40	33	34	26	36	33	38	459
Darunter:													
Öffentliche Schüler	51	49	38	44	36	40	33	34	26	36	33	38	458
Privatisten	—	1	—	—	—	—	—	—	—	—	—	—	1
2. Geburtsort (Heimat).													
Wien	29	28	19	32	21	25	19	24	13	21	22	22	275
Vororte Wiens	5	14	8	4	5	7	4	3	2	3	4	3	62
Nieder-Österreich außer Wien (und den Vororten)	8	2	3	—	2	3	4	3	5	6	2	4	42
Ober-Österreich	—	3	1	2	—	2	—	—	1	—	—	—	9
Salzburg	3	—	—	—	—	—	—	—	—	—	—	—	3
Tirol und Vorarlberg	—	—	1	—	—	1	1	—	—	—	—	—	3
Steiermark	—	—	2	1	2	—	—	1	1	1	—	—	8
Krain	—	—	1	—	—	—	—	—	—	—	—	—	1
Küstenland	—	—	1	—	—	—	1	—	1	1	—	—	4
Böhmen	2	1	1	1	1	—	1	1	—	1	—	3	12
Mähren	—	—	—	—	—	—	—	—	—	1	1	1	3
Schlesien	1	—	—	—	—	—	—	—	—	—	1	—	2
Galizien	—	1	—	1	1	—	1	1	—	—	—	—	5
Bukowina	—	—	—	—	—	—	1	—	—	—	—	—	1
Ungarn	2	—	—	1	1	—	1	1	2	—	2	2	12
Deutsches Reich	—	—	1	2	1	—	—	—	—	2	1	—	7
Schweiz	—	—	—	—	—	—	—	1	—	—	—	—	1
Russland	—	—	—	1	—	—	—	—	—	—	1	—	2
Rumänien	1	—	1	—	—	—	—	—	—	—	—	—	2
Griechenland	—	—	—	1	—	—	—	—	—	—	—	—	1
Egypten	—	—	—	—	1	—	—	—	—	—	1	—	2
Brasilien	—	—	—	—	—	—	—	—	—	—	1	—	1
Summe	51	49	38	44	36	40	33	34	26	36	33	38	458

Anmerkung.

Ausländer waren, u. zw. zuständig nach:	Ia	Ib	IIa	IIb	IIIa	IIIb	IVa	IVb	V	VI	VII	VIII	Summe
Ungarn	3	1	2	4	4	—	1	3	3	1	1	2	25
Deutschland	2	2	—	2	3	—	—	—	—	—	1	1	11
Italien	—	—	1	—	—	—	—	—	—	—	—	1	2
Griechenland	—	—	—	—	1	—	—	—	—	—	—	—	1
Summe	5	3	3	6	8	—	1	3	3	1	2	4	39

B. Schüler	Ia	Ib	IIa	IIb	IIIa	IIIb	IVa	IVb	V	VI	VII	VIII	Summe

3. Muttersprache.

	Ia	Ib	IIa	IIb	IIIa	IIIb	IVa	IVb	V	VI	VII	VIII	Summe
Deutsch	45	45	34	43	34	37	33	33	25	36	32	35	435
Tschecho-slavisch	2	—	1	1	—	2	—	1	—	—	—	1	8
Polnisch	—	1	1	—	—	—	—	—	—	—	—	—	2
Serbo-croatisch	—	—	—	—	—	—	—	—	1	—	—	—	1
Magyarisch	3	—	—	—	1	—	—	—	—	—	1	1	6
Italienisch	1	—	1	—	1	—	—	—	—	—	—	1	4
Romänisch	—	—	1	—	—	—	—	—	—	—	—	—	1
Griechisch	—	—	—	—	1	—	—	—	—	—	—	—	1
Summe	51	49	38	44	36	40	33	34	26	36	33	38	458

4. Glaubensbekenntnis

	Ia	Ib	IIa	IIb	IIIa	IIIb	IVa	IVb	V	VI	VII	VIII	Summe
Katholisch des lat. Ritus	39	36	26	22	18	28	17	19	18	25	21	23	291
Griechisch-orientalisch	—	—	—	—	1	—	—	—	1	—	—	—	2
Evangelisch A. C.	4	5	3	3	3	4	3	7	2	3	4	6	47
„ H. C.	—	—	—	1	1	—	1	1	—	1	—	—	5
Israelitisch	8	8	9	18	13	8	12	8	5	7	8	9	113
Summe	51	49	38	44	36	40	33	34	26	36	33	38	458

5 Lebensalter.

	Ia	Ib	IIa	IIb	IIIa	IIIb	IVa	IVb	V	VI	VII	VIII	Summe
11 Jahre	20	7	4	—	—	—	—	—	—	—	—	—	31
12 „	26	31	16	25	—	—	—	—	—	—	—	—	98
13 „	5	8	12	17	11	4	—	1	—	—	—	—	61
14 „	—	3	6	2	15	19	12	15	1	—	—	—	78
15 „	—	—	—	—	5	15	17	13	11	—	—	—	61
16 „	—	—	—	—	2	2	3	3	9	10	2	—	31
17 „	—	—	—	—	—	—	2	4	19	11	5	41
18 „	—	—	—	—	—	1	—	1	5	12	12	81
19 „	—	—	—	—	—	—	—	1	6	10	17
20 „	—	—	—	—	—	—	—	1	1	5	7
21 „	—	—	—	—	—	—	—	—	1	6	7
22 „	—	—	—	—	—	—	—	—	—	—	—
Summe	51	49	38	44	36	40	33	34	26	36	33	38	458

6. Wohnung.

	Ia	Ib	IIa	IIb	IIIa	IIIb	IVa	IVb	V	VI	VII	VIII	Summe
I. Innere Stadt	—	—	1	3	2	1	1	—	3	—	2	18
IV. Wieden	2	1	2	—	3	1	—	1	1	1	2	1	15
V. Margarethen	4	7	3	6	3	3	1	4	2	6	—	4	48
VI. Mariahilf	23	17	10	20	9	14	14	11	12	14	14	17	175
VII. Neubau	8	12	6	11	11	11	10	10	6	6	11	7	111
VIII. Josefstadt	—	1	2	1	1	2	1	1	—	2	1	—	12
IX. Alsergrund	—	1	—	1	—	—	—	—	—	—	—	1	3
Vororte	8	10	11	5	5	6	3	5	1	4	3	3	67
Außerhalb der Vororte	6	1	1	—	1	—	2	1	1	—	2	4	19
Summe	51	49	38	41	36	40	33	34	26	36	33	33	458

7. Classification.

a) Zu Ende des Schuljahres 1890

	Ia	Ib	IIa	IIb	IIIa	IIIb	IVa	IVb	V	VI	VII	VIII	Summe
Erste Fortgangsclasse mit Vorzug	4	5	7	5	4	4	4	6	2	3	4	4	55
Erste Fortgangsclasse	29	21	22	25	22	24	25	25	17	23	21	31	285
Zu einer Wiederholungsprüfung zugelassen	6	10	6	8	4	1	1	—	5	5	5	1	55
Zweite Fortgangsclasse	10	8	2	6	5	8	2	2	2	5	1	2	53
Dritte Fortgangsclasse	1	—	—	—	—	—	—	1	—	—	1	—	4
Zu einer Nachtragsprüfung krankheitshalber zugelassen	1	2	1	—	—	1	—	—	—	—	1	—	6
Summe	51	49	38	44	36	40	33	34	26	36	33	38	458

B. Schüler	Ia	Ib	IIa	IIb	IIIa	IIIb	IVa	IVb	V	VI	VII	VIII	Zusammen
b) Nachtrag zum Schuljahr 1889.													
Wiederholungsprüfungen													
waren bewilligt	0	10	3	3	4	4	4	4	9	3	6	—	50
Entsprochen haben . . .	7	8	3	3	2	3	2	4	7	3	5	—	47
Nicht entsprochen haben .	1	1	—	—	1	1	—	—	2	—	1	—	7
Nicht erschienen sind . .	1	1	—	—	1	—	2	—	—	—	—	—	5
Nachtragsprüfungen waren													
bewilligt	1	—	—	—	1	—	2	—	1	—	1	—	6
Entsprochen haben . . .	—	—	—	—	—	—	1	—	—	—	—	—	1
Nicht entsprochen haben .	—	—	—	—	—	—	—	—	—	—	—	—	—
Nicht erschienen sind . .	1	—	—	—	1	—	1	—	1	—	1	—	5
Demnach ist das Endergebnis für 1889:													
Erste Fortgangscl. mit Vorzug	7	5	6	7	5	6	1	2	3	3	5	2	52
„ „ . . .	30	85	30	27	28	32	18	26	30	25	33	16	333
Zweite „ . . .	9	10	3	5	9	7	2	1	9	6	1	—	62
Dritte „ . . .	—	1	—	—	1	1	1	—	1	—	—	—	5
Ungeprüft blieben . . .	1	—	—	—	1	—	1	—	1	—	1	—	5
Summe . .	47	51	39	39	44	46	23	29	44	37	40	18	457
8. Geldleistungen der Schüler.													
Das ganze Schulgeld zu zahlen waren verpflichtet.													
im I. Semester . .	47	46	32	38	32	31	20	25	15	28	19	26	359
„ II „	39	42	30	36	35	31	20	26	15	26	21	28	349
Zur Hälfte befreit waren:													
im I. Semester . .	—	—	1	1	—	—	1	—	—	—	—	—	3
„ II „	1	1	—	1	—	—	1	—	—	—	—	—	4
Ganz befreit waren:													
im I Semester . .	8	6	10	8	11	10	13	9	12	9	15	13	124
„ II „ . . .	12	8	8	8	4	9	13	7	11	11	13	10	114
Das Schulgeld betrug im Ganzen:													
im I. Semester. . . . fl.	2325		1775		1575		1187·50	375	475	650	650		9.012·50
„ II. „ . . . „	2050		1662·50		1650		1162·50	375	525	700	700		8.775
Zusammen . fl.													17.787·40
Die Aufnahmstaxen													
betrugen . . . . . fl	192		16		8		4		2	4	6	2	234
Die Lehrmittelbeiträge													
betrugen . . . . . . fl.	216		180		168		136		54	74	70	78	976
Summe . fl.													1.210
9. Besuch des Unterrichtes in den nichtobligaten Gegenständen.													
Kalligraphie	15	22	4	21	6	17	5	1	—	—	—	—	91
Turnen	25	20	14	17	13	14	15	13	4	16	8	6	165
Gesang	7	4	1	2	4	3	2	—	—	8	2	5	33
Stenographie	—	—	—	—	—	—	—	—	13	21	4	—	38
Französische Sprache . . .	—	—	—	—	—	—	—	—	9	11	3	2	25
10. Stipendien.													
Anzahl der Stipendiaten . .	—	1	1	—	—	—	1	2	3	2	7	10	27
Gesammtbetrag der (32) Stipendien in Gulden													4.526·50

Anhang.

Lebensrichtung der das Untergymnasium verlassenden Schüler.

a) *Eigentliche Gymnasiasten.*		b) „*Realschüler*".	
In das Obergymnasium wollen eintreten	42	In eine Oberrealschule wollen eintreten	4
„ eine Lehrerbildungsanstalt . . .	2	„ die Wiener Handelsakademie . .	4
„ die Wiener Handelsakademie .	5	„ eine Militärschule	1
„ eine Militärschule . . .	3	„ „ landwirthschaftliche Schule .	1
„ eine Handelsschule . . .	2	Summe . .	10
Unentschieden sind	3		
Summe . .	57		

Künftiger Beruf der Abiturienten.

Theologie (evang.)	2
Lehrfach (humanistische Richtung 2, realistische Richtung 1)	3
Rechtswissenschaft	10
Medicin	10
Consularwesen	1
Naturwissenschaft	1
Forstwissenschaft	1
Soldatenstand	4
Unbestimmt	3
Summe	35

Verzeichnis

sämmtlicher am Schlusse des II. Semesters anwesenden Schüler.

Cl. I A : Adeusamer Alexander, Adler Karl, Bauer Ludwig, Rep., Bayer Georg, Blumauer Sebastian, Böhm Karl, Bonczák Wilhelm, Czeija Ernst, Deininger Wunibald, Duschak Leo, Engländer Heinrich, Esterle Rudolf, Feigl Leopold, Fidler Arthur, Fidler Richard, freiwilliger Rep., Fischer Hans, Fischer Stephan, Forster Johann, Friedrich Wilhelm, Geyerhahn Siegfried, Goldberger Paul, Grill Oskar, Großmann Ernst, Haas Franz, Haas Friedrich, Haller Johann, Hamza Johann, Hartmann Oskar, Hermann Josef, Hraba Felix, Rep., Kargl Rudolf, Rep., Kováts August, Rep., Lehrl Johann, Löschner Richard, Melzer Albert, Obermüller Eugen, Rep., Paul Felix, Petschacher Hans, Plate Gustav, Pobuda Karl, Rehberger Emanuel, Scheid Ernst, Stanglica Franz, Steinbruck Arthur, Tannenberger Arnold, Tomberger Alfred, Tschebulz von Tsebúly Hans, Weiß Rafael, Will Hans, Rep., Wolf August, Zeitlberger Friedrich, Rep.

Cl. I B : Baumann Victor, Beyerl Georg, Eitner Ernst, Friedmann Max, Götze Friedrich, Grünbaum Hans, Karpeles Richard, Keissler Felix R. v., Kilhof Max, Killinger Alois, Klieba Franz, Kolaf Maximilian, Kraupner Josef, Kresnik Friedrich, Kurz Reinhold, Le Gay Otto Edl. v., Leutter Ludwig Edl. v. Thannenberg, Liebl Hans, Mühlhauser Alfred, Möller Julius, Offer Alfred, Orleth Karl Wilhelm, Panholzer Ernst, Panowitz Karl, Pohl Arthur, Pollak Walther, Rainer Karl, Reiß Friedrich, Riedl Paul R. v., Saar Moriz Freih. v., Salzborn Eduard, Sawicki Theodor, Schicke Anton, Schilk Ottokar, Schmerha Richard, Schug Ludwig, Sebug Robert, Seidel Rudolf, Seutter Eliseus v., Stepski Richard R. v., Stern Moriz, Stratzkaney Rudolf, Tatzl Josef, Tauber Alois, Vierthaler Theodor, Vollbracht Alois, Waldmann Norbert, Walker Karl, Wallaschek Ernst.

Cl. II A : Adensamer Giovanni, Altmann Sigmund, Anderle Max, Bachmann Rudolf, Bambach Hermann, Biberle Johann, Braun Theodor, Damian Josef, Dimitz August, Eidenböck Johann, Fraenkel Robert, Friedmann Egon, Fritsch Rudolf, Granel Anton, Grünberger Victor, Gumposberger Gustav, Halla Eduard, Hassinger Hugo, Heim Georg, Heim Victor, Hitschmann Camillo, Jaeger Josef, Janowitzer Walther, Kalous Adalbert, Karl Johann, Klein Leopold, Kniep Johann, Kotowsky Victor, Kubiček Eduard, Kurz Josef, Martina Aldo, Mellich Josef, Raabe Franz, Reuter Gustav, Schmaus Otto, Summerer Johann, Tanner August, Wüstefeld Eugen.

Cl. II B: Beringer Karl, Rep., Brenneis Rudolf Edler v., Bresina Ernst, Dautwitz Friedrich, Dubrowitz Alexander, Herrmann Walther, Jung Zalel, Langer Johann, Löwenbein Hermann, Löwy Alfred, Mader Richard, Mauthner Hans, Mautner Max, Mras Karl, Müllner Ludwig, Neumann Hans, Petraschek Karl, Rothaug Rudolf, Saal Alfred, Schacherl Max, Rep., Schatlanek Ferdinand, Schmidt Erwin, Schreiber Ignaz, Schulz Julius, Spitz Wilhelm, Spitzer Sigmund, Srpek Alois, Steiger Leon, Steinbuch Alfred, Steinschneider Otto, Stransky Rudolf Edl. v., Streitenfels Emerich, Süßmayer Konrad, Taußig Max, Volk Arthur, Wildfeuer Rudolf, Willig Richard, Winkelmann Hermann, Rep., Winkler Moriz, Winter Rudolf, Wolffhardt Karl, Wunderer Friedrich, Zeckendorf Oskar, Zuckermandl Edmund.

Cl. III A: Ausch Friedrich, R.*), Ausch Oskar, R., Bauer Ludwig, R., Bauer Stephan Bernhardt Max, v. Celinic Rudolf, Chat Felix, v., Christomanos Michael, Deininger Julius, Deutsch Alfred, R., Dörflinger Karl, Rep. R., Ellissen Eduard, Fieber Egon Lothar, Foges Hans, Freund Siegfried, Fürst Karl, Graf Grundemann Rudolf, Rep. R., Hernfeld Oskar, Hetzer Walther, Hollnsteiner Paulinus, Hotz Stephan, Justh Hugo, Kaiser Ludwig, Karplus Friedrich, Kniep Julius, Knopf Leopold, Köhler Erwin, Rep. R., Köhler Hermann, Köller Paul, Körösi Oskar, Rep. R, Lehnhart Leopold, Lichtblau Ernst, Linsbauer Karl, Marek Eduard v., Plate Richard, Steiner Emil, Rep. R., Wurscher Adolf.

Cl. III B: Blümel Eduard, Essigmann Adolf, R., Hoffer Karl, Rep., Hruschka Franz, R., Kellner Johann, Rep. R., Kreitmeyer Eduard, Lecaks Emil, Rep., Löschner Eduard, Rep., Lötsch Anton, Mauthner Oskar, Metz Karl, Meyer Julius, R., Nechuta Hermann, R., Pollak Egon, Polland Rudolf, Rechnitzer Hugo, R., Richter Emanuel, Schechter Alex., R., Schenner Hans, Schindler Alfred, Schindler Richard, Rep., Schneid Karl, Seeliger Johann, Seidl Ernst, R., Sonnleithner Heinrich, Sparig Moriz, Spitzer Gustav, R., Stephann Max, Strauß Siegfried, R., Stuböck Ludwig, R., Symandl Hugo, Tieze Gustav, Rep., Trettera Hans, Rep., Völker Victor, R., Vollgold Julius, Wächter Karl, Rep. R., Weninger Leopold, Widl Theodor, Rep., Wieliczker Bernhard, Rep., Winitzky Moriz v.

Cl. IV A: Bilger Ferdinand, Bondi Victor, Cohn Richard, Dömény Paul, Enderle Julius, Fidler Alfred, Fleckles Victor, Föderl Georg, Frankel Maximilian, Fünkler Mich., Fürstenthal Ludwig, Gárbor Hans, Gasteiner Paul, Gruber August, Grünbols Paul, Günther Alfred, R., Hohenbruck Oskar Freih. v., Holly Alfred, Horaček Franz, R., Janowitzer Eugen, Jarmuth Emil, Kessler Armin, R., Kirchner Anton, Klautz Anton v. Eulenthal, Klein Oskar, R., Klemperer Paul, Kohn Siegfried, Krone Paul, Krzeminski Kasimir, Mendl Rudolf, Müller Richard, Tepser Max., Weber Anton.

Cl. IV B: Bauer Karl, R., Epstein Emil, Honl Anton, Kraus Julius, Lehrl Alexander, R., Lettner Josef, Lichtblau Leopold, Marolly Erwin, Maschek Josef, Messner Eugen, Modes Karl, Müller Konrad, Nechuta Alfred, Pawlik Heinrich, Pertheu Karl, Pollak Arthur, Pollak Max, Pommer Wilhelm, Raab Josef, Reiß Simon, R., Reuter Otto, R., Schick Oskar, Schneeweiß Alfred, Schnitt Hermann, Semeleder Oskar, Smotny Franz, Spitzer Jakob, Spitzer Samuel, Stangl Emil, Stephan Emil, R., Wahliß Erich, Weinstein Emil, Weymann Gustav v., Zuckermandl Siegfried, R.

Cl. V: Buhl Max, Eckstein Gustav, Eschgfäller Georg, Haschek Eduard, Hofer Victor, Hofnagl Hans, Illic Peter, Kaiser Philipp, Karplus Johann, Lang Wilhelm, Lenz Johann, Lipscher Josef, Millemoth Gustav, Pohl Wilhelm, Pollak Richard, Pommer Otto, Praudstetter Richard, Rosulek Franz, Schinagel Julius, Schöpfleuthner Eduard, Siegmeth Oskar, Slawik Karl, Stößl Otto, Teweles Friedrich, Topf Leo, Werner Karl.

Cl. VI: Bucek Franz, Dattler Oskar, Dimitz Josef, Eisenmenger Hugo, Eisler Alexander, Fastenbauer Hans, Fischel Ludwig, Franke Adolf, Fuchs Karl, Hitschmann Felix, Hübscher Julius, Huffnagl Karl, Rep., Janowitzer Oskar, Just Alexander, Kronawetter Ferdinand, Lasser Franz v., Lenicek Richard, Lichtblau Josef, Mnestian Karl, Nowotny Otto, Otte Karl, Peter Albert, Rep., Pohl Theodor, Schneeweiß Robert, Schramm Ernst, Rep., Schubert Rudolf, Spanraft Emerich, Steiner Franz, Stoiber Hugo, Turner Felix, Ulzer Emil, Rep., Wanschura Adolf, Weiß Ernst, Rep., Weiß Ludwig, Rep., Winkler Rudolf, Witz Edgar.

Cl. VII: Albrecht Paul, Bauch Emil, Bergl Moriz, Bieck Hugo, Bockhorn Georg, Damian Georg, Danisch Heinrich, Dobrucki R. v. Dobruti-Doliva Anton, Dobrucki R. v. Dobruti-Doliva August, Dolezal Karl, Foges Otto, Fuchs Hans, Grünbaum Sigmund, Grünwald Otto, Heller Siegfried, Hochhauser Rudolf, Holaubek Georg, Jedlitschka Hans, Kaiser Karl, Kilies August, Knotz Julius, Krainer Johann, Langer Paul, Lemberger Richard, Pollatschek Gustav, Posamentir Oskar, Prokseh Norbert, Schindler Max, Sellner Gustav, Spitz Alfred, Stromayr Emil, Weiß Leopold, Wenninger Richard, Winkler v. Forazest Ernst.

*) R. bedeutet „Realschüler".

Cl. VIII: Ballasko Ferdinand, Bargetzi Franz, Bedax Josef, Buresch Eduard, Burian Johann, Ehrenstein Heinrich, Eichberg Karl, Engelberg Sigmund, Fröhlich Otto, Gams Rudolf, Heller Wolfgang, Hlawatsch Rudolf, Hubinger Raimund, Keissler Karl R. v., Klekler Ludwig, Kohn Leo, Koßmat Franz, Kuschel Rudolf, Lelewer Georg, Leschen Emil, Litschke Alfred, Luithlen Hugo, Melzer Anton, Mesk Josef, Mierenfeld Gustav Adolf, Paul Hugo, Pollak Gustav, Pollatschek Karl, Prodinger Karl, Schibor Johann, Schubert Walther, Seutter v. Lötsen Werner, Singer Adolf, Stern Theodor, Strößner Adalbert, Vinciguerra August, Vollbracht Franz, Weiß Josef.

Privatisten.

Im I. Sem.: Adensamer Giovanni II A, im II. Sem.: Politzer Salo I B.

Vorzugsschüler

in der Cl. I A: Engländer Heinrich, Fidler Richard, Forster Johann, Stanglica Franz. Cl. I B: Karpeles Richard, Kolat Max, Salzborn Eduard, Sawicki Theodor, v. Seutter Eliseus, R. v. Stepski Richard, Stratzkaney Rudolf, Walker Karl. Cl. II A: Bambach Hermann, Braun Theodor, Damian Josef, Heim Georg, Heim Victor, Janowitzer Walther, Raabe Franz. Cl. II B: Brezina Franz, Mras Karl, Petraschek Karl, Saxl Alfred, Wunderer Friedrich. Cl. III A: Bernhardt Max, Ellissen Eduard, Köhler Hermann, Wurscher Adolf. Cl. III B: Nechuta Hermann, Polland Rudolf, Seidl Ernst, Strauß Siegfried. Cl. IV A: Gärber Hans, Jarmuth Emil, Krzeminski Kasimir, Müller Richard. Cl. IV B: Nechuta Alfred, Pawlik Heinrich, Pollak Arthur, Schnitt Hermann, Stephan Emil, Weinstein Emil. Cl. V: Haschek Ed., Kaiser Philipp. Cl. VI: Janowitzer Oskar, Turner Felix, Witz Edgar. Cl. VII: Albrecht Paul, Bergl Moriz, Damian Georg, Lemberger Richard. Cl. VIII: Koßmat Franz, Mesk Josef, Paul Hugo, v. Seutter Werner.

Verzeichnis

der im Schuljahre 1888/89 approbierten Maturanden und Abiturienten.

Laufende Zahl	Name	Alter in Jahren	Geburtsort	Dauer d. Gymnasialst. in Jahren	Stand des Vaters	Reifegrad	Gewählter Beruf
196	Elssler Arthur	19¾	Bisenz (Mähren)	10	Industrieller	reif*)	Philologie
197	Grann Ernst	10	Wien	9	Privatier	reif	Unbekannt
198	Gruber Karl	17½	Altsattel (Böhmen)	War Privatschüler	Ökonom	reif	Unbekannt
199	Thumim Leopold	18½	Breslau	9	Kaufmann	reif	Unbekannt
300	Unkhrechtsberg Arth., Ritter von	19¼	Rittersfeld (Niederösterr.)	9	Staatseisenbahn-Beamter	reif	Rechtswissenschaft ?
301	Burkabaum Ludwig	19½	Wien	10	Fabrikant	reif	Landwirthschaft
302	Geyringer Ludwig	17¹¹⁄₁₂	Gaudenzdorf bei Wien	8	Kaufmann	reif	Medicin
303	Georgi Ferdinand	20	Wien	8	† Posamentierer	reif	Lehrfach (human. H.)
304	Görich Ernst	19	Wien	8	† Schneider	reif	Theologie (kath.)
305	Hetzer Friedrich	18½	Wien	8	Fabrikant	reif	Rechtswissenschaft
306	Klaudy Hugo	17½	Maria Lanzendorf (N.-Öst.)	9	Privatier	reif	Rechtswissenschaft

*) Die Maturanden — 196 inclusive 300 — werden von auswärts zur Prüfung zugewiesen.

Laufende Zahl	Name	Alter in Jahren	Geburtsort	Dauer d. Gymnasialstud. in Jahren	Stand des Vaters	Reifegrad	Gewählter Beruf
307	Knöpfmacher Julius	19½	Wien	8	Kaufmann	reif	Rechtswissenschaft
308	Kristinus Karl	18½	Prerau (Mähren)	9	Bürgerschullehrer	reif	Medicin
309	Kultoch Max	19½	Hodenbach (Böhmen)	9	† Apotheker	reif	Rechtswissenschaft
310	Loebell Wilhelm	19	Hütteldorf bei Wien	9	Advocat	reif	Rechtswissenschaft
311	Marx August	20½	Wien	8	Privatbeamter	reif	Technik
312	Ruber Emanuel	19½	Znaim (Mähren)	8	Eisenbahnbeamter	reif	Lehrfach (human. K.)
313	Schmeidler Johann	18½	Wien	8	Hof-Gummiwarenhändler	reif	Lehrf. (moderne Philologie)
314	Storm Gottlieb	19½	Horaždiovits (Böhmen)	9	Schuhhändler	reif	Medicin
315	Suchet Wilhelm	19	Wien	8	† Kunstdrucker (Pflegevater)	reif mit Auszeichnung	Theologie (kath.)
316	Trost Alois	19½	Wien	8	Privatmann	reif mit Auszeichnung	Lehrfach (Archäologie)
317	Wraberik Max von Theyenthal	18½	Marchegg (Niederösterr.)	9½	† K. k. Bezirksrichter	reif	Rechtswissenschaft
318	Wurmser Alfred	17¾	Mannheim (Deutschland)	8	Kaufmann	reif	Rechtswissenschaft

Zur Nachricht für Schüler mit schlechter Fortgangsclasse.

Schüler, welche in beiden Semestern eines Schuljahres die dritte Fortgangsclasse erhalten haben, oder bereits Repetenten waren und die Classe zum zweiten Male zu wiederholen hätten, sind von dem ferneren Studium an derselben Lehranstalt gesetzlich ausgeschlossen. Schüler mit dritter Fortgangsclasse und schlechter Sittennote werden in der Regel nicht wieder aufgenommen.

Allfällige Recurse an den h. k. k. n.-ö. Landesschulrath um Gestattung der Wiederholungsprüfung bei einer nicht genügenden Note, oder Recurse um Wiederaufnahme von Schülern mit wiederholter dritter Fortgangsclasse müssen gleich am Anfange der Ferien, und zwar im Wege der Direction des Gymnasiums eingereicht werden. Die Eltern werden jedoch aufmerksam gemacht, dass bezüglich jedes einzelnen Schülers schon vorher alle Umstände bei der Classificirung von der Conferenz reiflich und unparteiisch erwogen worden sind.

Kundmachung bezüglich des Schuljahres 1890/91.

a) Organisation der Lehranstalt. Das Mariahilfer Gymnasium ist ein vollständiges achtclassiges Gymnasium. Die 4 Unterclassen bilden ein sogenanntes „Realgymnasium", d. i. ein Untergymnasium mit obligatem Zeichenunterrichte. In der 3. und 4. Classe tritt für jene Schüler, welche nicht für das Obergymnasium bestimmt sind und deren Eltern dies ausdrücklich wünschen, an die Stelle der griechischen die französische Sprache.

Die Eltern werden aufmerksam gemacht, dass heute in Österreich die Einrichtung des Gymnasiums und die der Realschule sehr auseinander gehen, dass das „Realgymnasium" also nicht für die Oberrealschule vorzubereiten beabsichtigt, ferner dass die Schüler des Realgymnasiums aus der I., II. und III. Cl. nicht in die nächst höhere Classe der Realschule übertreten können.

b) Aufnahme. Jene Schüler, welche ihre Studien im nächsten Schuljahre als Angehörige der Anstalt fortsetzen wollen, haben am Schlusse des Schuljahres das Nationale dem betreffenden Ordinarius zu übergeben.

Für die Aufnahmsprüfungen zum Eintritte in die I. Classe sind vorschriftsmäßig zwei Termine bestimmt. Der erste fällt an das Ende des vorausgehenden Schuljahres, u. zw. auf den 15. und 16. Juli, der zweite in den Anfang des neuen Schuljahres, u. zw. auf den 16. und 17. September. „In jedem dieser Termine wird über die Aufnahme definitiv entschieden. Eine Wiederholung der Aufnahmsprüfung, sei es an einer und derselben, oder an einer anderen Lehranstalt, ist unzulässig. Um einem allfälligen Versuche der Übertretung dieses Verbotes vorzubeugen, haben die Directionen der einzelnen Mittelschulen einander die Verzeichnisse derjenigen Aufnahmbewerber zuzusenden, welche wegen ungenügender Vorkenntnisse zurückgewiesen worden sind." — Erlass des k. k. Ministeriums für Cultus und Unterricht vom 2. Jänner 1886, Zahl 85.

Gefordert werden bei der Aufnahmsprüfung a) aus der Religionslehre jenes Maß von Kenntnissen, welches in den mittleren Classen der Volksschule erworben wird, b) aus der deutschen Sprache Fertigkeit im Lesen und Schreiben der deutschen Sprache und der lateinischen Schrift, Kenntnis der Elemente aus der deutschen Formenlehre; Fertigkeit im Analysieren einfacher bekleideter Sätze, Bekanntschaft mit den Regeln der Orthographie und richtige Anwendung derselben beim Dictandoschreiben, c) aus dem Rechnen Übung in den vier Rechnungsarten in ganzen Zahlen.

In die I. Classe eintretende Knaben, welche eine öffentliche Volksschule besucht haben, müssen die nach den neuesten Vorschriften eingerichteten Schulnachrichten vorlegen. Alle Schüler, welche um die Aufnahme ansuchen, haben ferner ihr vollständiges Nationale und den Tauf- oder Geburtsschein abzugeben. Zur Aufnahme ist unbedingt der Nachweis des in dem laufenden Kalenderjahre vollendeten 10. Lebensjahres erforderlich; dringend wünschenswert ist aber, dass der angehende Gymnasiast ungefähr 11 Jahre alt sei und die fünfte Volksschulclasse mit gutem Erfolge zurückgelegt habe. Die Knaben haben in diesem Falle einen längeren Unterricht in der Unterrichtssprache erhalten; sie werden ferner in den mittleren und oberen Classen schwierige Gegenstände mit leichterem Verständnisse aufnehmen, während jüngere und zartere Schüler manchmal schon in den Unterclassen vom Lehrstoffe erdrückt werden, oder von Jahr zu Jahr trotz Anstrengung immer schlechtere Resultate erreichen und zuletzt eine Classe wiederholen müssen; sie werden endlich Zeit gewinnen, außer den Schulgegenständen noch manches andere, für das Leben Wichtige und nach unseren heutigen Anschauungen Unentbehrliche sich anzueignen. Vor allem aber werden sie einmal einen gesunden Körper und einen frischen Geist, selbständiges Urtheil, rüstige Arbeitslust und sittlichen Ernst an die Universität und ins Leben mitnehmen.

Die Anmeldungen in die I. Classe erfolgen am 13. und 14. Juli von 8—12 Uhr vormittags, ferner am 15. und 16. September zu denselben Stunden, und zwar nach dem Gesetze jedesmal in Anwesenheit des Vaters.

Schüler, die von einem andern Gymnasium übertreten wollen, müssen bei der Anmeldung am 16., 17. oder 18. September nebst der Bestätigung ihrer vorschriftsmäßigen Abmeldung sämmtliche Gymnasialzeugnisse vorweisen und haben sich in der Regel einer Aufnahmsprüfung zu unterziehen.

c) *Freie Gegenstände.* Von der V. Classe an wird die französische Sprache als nicht obligat in zwei Jahrgängen gelehrt. Im Obergymnasium wurde bisher, gleichfalls nicht obligat, der Unterricht in der englischen Sprache in zwei Jahrgängen ertheilt.

Der Unterricht in den lebenden Sprachen wie in allen Nebengegenständen ist unentgeltlich.

Als Nebengegenstände werden außer den genannten Sprachen Kalligraphie (für die Schüler der I. und II. Cl.), Gesang, Turnen (beide für Schüler aller Classen) und Stenographie (für Schüler des Obergymnasiums) gelehrt. Wer sich im Anfange des Schuljahres zum Besuche eines dieser Lehrfächer im Nationale gemeldet hat, ist zu demselben für die ganze Dauer des Schuljahres verpflichtet. Ein Austritt aus demselben während des Semesters ist nur in besonderen Fällen gegen schriftliches Ansuchen bei der Direction gestattet.

d) *Schulgeld.* Das Schulgeld beträgt halbjährig im Unter- wie im Obergymnasium 25 fl. ö. W. und soll im ersten Monate eines jeden Semesters bei dem Director erlegt werden. Wer mit der Entrichtung des Schulgeldes über die Hälfte des zweiten Monates im Rückstande bleibt, ist zu entlassen.

Öffentliche Schüler können die Befreiung von der Entrichtung des Schulgeldes erlangen, wenn sie bei der Direction im Anfange des Semesters ein stempelfreies, an den Gemeinderath der Stadt Wien gerichtetes Gesuch mit dem Zeugnisse des letzten Semesters und einem legalen Armuts- (oder Mittellosigkeits-) Zeugnisse überreichen. Das Semestralzeugnis muss mindestens die erste allgemeine Zeugnisclasse und bezüglich des sittlichen Betragens die Note „lobenswert" oder „befriedigend", bezüglich des Fleißes die Note „ausdauernd" oder „befriedigend" enthalten. Formulare für Armutszeugnisse werden bei der Gymnasialdirection ausgetheilt.

Alle Schulgeldbefreiungen gelten — wie an den Staatsanstalten — nur so lange, als die Bedingungen fortdauern, unter denen sie ordnungsmäßig erlangt werden können, d. h. die Befreiung geht schon durch ein „entsprechend" im sittlichen Betragen, oder ein „hinreichend" im Fleiße, oder ein „nicht genügend" in einem obligaten Gegenstande verloren.

e) Disciplinäres. Um das Elternhaus in steter Kenntnis über Fortschritt und Betragen der Schüler zu erhalten, wird außer den halbjährigen Hauptabschlüssen noch viermal im Jahre (anfangs November, vor Weihnachten, anfangs April, gegen Ende Mai) ein Abschluss (die „Censur") vorgenommen und das Ergebnis schriftlich mitgetheilt. Überdies geben die Classenvorstände und Fachlehrer im Schulhause bereitwilligst Auskunft über mündliche Anfragen des Elternhauses.

Jeder Schüler, welcher 8 Tage ohne glaubwürdige Meldung seiner Erkrankung wegbleibt, wird, nach vorausgegangener Verständigung der Eltern oder deren Stellvertreter, als ausgetreten aus dem Kataloge gestrichen.

Die näheren Bestimmungen über das Verhalten der Schüler sind in den Disciplinarvorschriften dieses Gymnasiums enthalten.

f) Beginn des Schuljahres. Die Nachtrags- und Wiederholungsprüfungen werden am 16., 17. und 18. September, der feierliche Schulgottesdienst wird am 18. September um 8 Uhr abgehalten. Nach dem heiligen Geistamte findet die **Verlesung der Disciplinarvorschriften** statt, welcher **sämmtliche Schüler der Anstalt beizuwohnen verpflichtet sind.** Der regelmäßige Unterricht beginnt am 19. September

Verzeichnis der Lehrtexte und Lehrbehelfe für das Schuljahr 1890/91.

(Die römischen Ziffern bedeuten die Classen, in welchen die Bücher verwendet werden.)

Religionslehre.

a) Katholische. I Leinkauf, Glaubens- und Sittenlehre; II Leinkauf, Liturgik; III Bellmann, Geschichte der Offenbarung des alten Testamentes; IV Bellmann, Geschichte der Offenbarung des neuen Testamentes; V Wappler. 1. Theil; VI Wappler, 2. Theil; VII Wappler, 3. Theil; VIII Fischer, Geschichte der katholischen Kirche.

b) Evangelische. I—VIII Gesangbuch, Stuttgart 1882; I—II Biblische Geschichte für den evangelischen Religionsunterricht (Lahr 1879); I—II A. C. Luthers Kleiner Katechismus; III—IV Palmer, Bibelkunde und Geschichte der christlichen Kirche; III—IV A. C. Redlich, Christliche Religionslehre der evang. Kirche; I—IV. H. C. Heidelberger Katechismus, revid. von Witz-Stöber; V—VIII Palmer, Christliche Glaubens- und Sittenlehre; VIII Novum testamentum Graece ed. Tischendorf.

c) Israelitische. I—VIII Auerbach, Kleine Schul- und Hausbibel, 1. Theil; III bis VIII Schul- und Hausbibel, 2. Theil; IV Breuer, Glaubens- und Sittenlehre; V u. VI Breuer, Geschichte der Juden und des Judenthums, 2. Theil; VII u. VIII Cassel, Leitfaden der jüdischen Geschichte und Literatur.

Deutsche Sprache.

Lesebücher: I Neumann, 1. Theil. 10. umgearb. Aufl. (unter Ausschluss des Gebrauches der früheren Auflagen); II Neumann, 2. Theil. 10. Aufl.; III Lampel, 3. Theil, 2. Aufl.; IV Lampel, 4. Theil. 2. Aufl.; V Lampel, f. O.-G. 1. Theil, 4. Aufl.; VI Lampel, 2. Theil. 3. Aufl. (mit Ausschluss der früheren Auflagen); ferner: Prosch und Wiedenhofer, Mittelhochdeutsches Lesebuch; VII Lampel, 3. Theil; VIII, Die Entscheidung des h. k. k. Ministeriums ist abzuwarten. — Grammatik: I—IV Kummer, 2. umgearb. Aufl. — Regeln und Wörterverzeichnis I—IV.

Lateinische Sprache.

Grammatik: I—II Scheindler; III—VIII Schmidt (III—VI 6. Aufl., 2. Ausg.; VII—VIII 5. Aufl.). — Übungsbücher: I Steiner-Scheindler; II Steiner-Scheindler; III u. IV Süpfle, Stilübungen, 1. Theil, 19. Aufl.; V—VII Stilistische Übungen, 2. Theil, 20. Aufl.; VIII 3. Theil. — Lectüre: III Schwarz, Lateinisches Lesebuch, 4. verb. Aufl.; IV Caesar, de bello Gallico (ed. Prammer); IV Ovid (Sedlmayer); V Ovid (Schmidt-Gehlen); V Livius (ed. Zingerle); VI Sallust, Jugurtha (ed. Scheindler); Cicero in Catilinam I. (ed. Kornitzer); Vergil, Aeneis, Georgicon, Eclogae (ed. Teubner); Caesar, bellum civile (ed. Teubner); VII Cicero, de officiis (ed Kornitzer); de imperio Cn. Pompei (ed. Kornitzer), pro Archia (ed. Kornitzer), pro Sulla (ed. Kornitzer); Vergil, Aeneis (ed. Teubner); VIII Tacitus, Germania (ed. J. Müller), Annales (ed. J. Müller), Horatius (ed. Huemer).

Griechische Sprache.

Grammatik: III Curtius (ed. Hartel), 19. Aufl.; IV u. V Curtius (ed. Hartel), 17. Aufl. (mit Anschluss der früheren Auflagen); VI Curtius, 16. Aufl.; VII—VIII Hintner, 2. Aufl. — Übungsbücher: III Schenkl, Elementarbuch, 14. Aufl.[*]; V Schenkl, Elementarbuch, 13. Aufl. — Lectüre: V u. VI Schenkl, Chrestomathie aus Xenophon, 9. Aufl.; V Homer, Ilias (ed. Christ); VI Homer, Ilias (ed. Zechmeister-Scheindler); VI Herodot (ed. Hintner); VII Homer, Odyssee (ed. Zechmeister-Scheindler); Demosthenes, Philipp. I. II. III. (ed. Wotke), eventuell: Über den Frieden (ed. Wotke); VIII Plato, Apologie (ed. Christ); Laches (ed. Jahn); Sophokles, Elektra (ed. Schubert); Homer, Odyssee (ed. Cauer).

Geographie und Geschichte.

Geographie: I Umlauft, 1. Curs, 2. Aufl.; II Umlauft, 2. Curs, 2. Aufl.; III Umlauft, 2. Curs, 2. Aufl.; IV Umlauft, 3. Curs. — Geschichte: II, III u. IV Hannak[**]; V Hannak, I (3. Aufl.); VI Loserth, I (5. Aufl.), II (2 Aufl.); VII Loserth III (2. Aufl.); VIII Hannak, Vaterlandskunde (8. Aufl.); Loserth I, Kozenn, Schulatlas I—VIII[***]; II—VI Hannak-Umlauft, histor. Schulatlas; VII—VIII Jausz, histor. Schulatlas.

Mathematik.

I Schram und Schüßler, Vorschule der Mathematik. Hiezu Schram und Schüßler, Übungsstoff zur Vorschule. — II Schram, Arithmetik; III u. IV Wallentin, Algebr. Aufgaben, 2. umgearb. Aufl.; V Heis, Sammlung von Beispielen, 73. Aufl.; VI—VIII Wallentin, Algebr. Aufgaben, 2. Aufl.; VI—VIII Wallentin, Arithmetik. — II, III Gernerth-Wallentin, Geometrie; IV Wallentin, Räumliche Geometrie; V, VI Wapienik, Geometrie; VII, VIII Sonndorfer-Anton, Analyt. Geometrie der Ebene, 3. Aufl.

Naturgeschichte und Physik.

I Pokorny, Thierreich, 21. Aufl.; II Pokorny, Pflanzenkunde, 17. Aufl.; Pokorny, Mineralogie, 15. Aufl.; III und IV Mach-Odstrčil, Grundriss des Naturlebens, Ausgabe für Gymnasien; IV Lielegg, Erster Unterricht in der Chemie, 3. Aufl.; V Hochstetter-Bisching, Mineralogie und Geologie, 8. Aufl.; Pokorny-Rosicky, Botanik, 2. Aufl.; VI Graber, Zoologie; VII und VIII J. Wallentin, Physik (VII 6. Aufl.)

Allgemeine Naturkunde.

VIII Hochstetter-Bisching, Mineralogie und Geologie. Pokorny-Rosicky, Botanik.

Philosophische Propädeutik.

VII Lindner, Logik, 6. event. 7. Aufl.; VIII Lindner, Psychologie, 9. Aufl.

Französische Sprache.

Obligat für sogenannte „Realschüler". III Filek, Elementarbuch der französ. Sprache, 4. Aufl.; IV Filek, Schulgrammatik, 5. Aufl.; Filek, Übungsbuch. Mittelstufe, 3. Aufl.; III und IV Filek, Chrestomathie (III 5. Aufl.). — Nicht obligat. V und VI Filek, Schulgrammatik (in V 5. Aufl.); V Filek, Übungsbuch, Unterstufe 2. Aufl., Mittelstufe 3. Aufl.; VI Filek, Übungsbuch, Oberstufe.

Englische Sprache.

VII u. VIII Gesenius, Grammatik, I. 8. Aufl., II. 4. Aufl.; Süpfle, Chrestomatie, 5. Aufl.

Stenographie.

Faulmann, Stenographische Anthologie, 5. Aufl.

Freihandzeichnen.

I. Classe Block, 41 cm lang, 28 cm breit, Umschlagbogen zum Sammeln der Zeichnungen aus starkem, doppeltem Papier, blau, 42 cm lang, 29 cm breit; II.—IV. Classe Reißbrett sammt Mappe, 63 cm lang, 45 cm breit, Umschlagbogen 64 cm lang, 46 cm breit. Ferner Tusche und einzelne Aquarellfarben (ohne Kasten) nach Angabe der Schule.

[*] Neben der 13. und 14. Auflage ist der Gebrauch früherer Auflagen ausgeschlossen.
[**] Hannak, I: 8. Aufl., II, 8. Aufl., III, 6. Aufl. Neben diesen neuen Auflagen ist der gleichzeitige Gebrauch früherer Auflagen ausgeschlossen.
[***] In der I. Classe ist die Ausgabe Haardt-Umlauft, 59 Karten, 33. Aufl. anzuschaffen.